日本株で30年 好成績を上げた
ファンドマネジャーが明かす

逆転の思考法

元JPモルガン・アセット・マネジメント
中山大輔

PHP

ブックデザイン　小口翔平+村上佑佳(tobufune)
構成　鈴木雅光
図作成(図2〜12)　尾黒健二
DTP　白石知美/安田浩也(システムタンク)
編集担当　日岡和美

はじめに――

「JPMザ・ジャパン」の運用者として

私は2006年から2023年3月末まで、JPモルガン・アセット・マネジメントという運用会社で、日本株を投資対象にしたアクティブ型の投資信託「JPMザ・ジャパン」を運用していました。

運用担当者に就任した2006年といえば、日本の株式市場にとって厳しい1年だったことを記憶しています。2005年12月末から2006年12月末までの株価の騰落率は、こんな感じでした。

日経平均株価……6・91%
東証株価指数（TOPIX）……1・89%
JASDAQ指数……▲33・80%
東証マザーズ指数……▲56・33%

日経平均株価は日経新聞社が選定する主要企業225社、東証株価指数（TOPIX）は東京証券取引所に上場する銘柄を対象に算出・公表されている、いずれも日本株式市場の代表的株価インデックス（指数）です。グローバルに活躍する大企業も多く含まれるこの2指数は、前年比プラスでした。

一方で、**JASDAQ指数や東証マザーズ指数**はマイナス34％、マイナス56％と、両者ともに大きく値下がりしています。この2指数はいずれも**中小型株式といって、時価総額など企業規模の小さい企業、もしくはスタートアップ・新興企業と呼ばれる銘柄を中心にして算出されている株価インデックス**です。JASDAQ指数や東証マザーズ指数に採用されている中小型株式は、どちらかというと個人投資家に頻繁に売買されています。その2つの株価インデックスがこれだけ大きく値下がりしていたのですから、当時の株式市場は多くの個人投資家にとって、非常に厳しい状況だったのです。

そんな時代にJPMザ・ジャパンの運用担当者に就任することになり、同ファンドのファンドマネジャーとして、運用の最前線に立つことになりました。

ちなみに、JPMザ・ジャパンという投資信託のこれまでの運用成績をお見せいた

図1「JPMザ・ジャパン」のパフォーマンスの推移
出所　「JPMザ・ジャパン」月報(2023年6月30日付)より一部改変

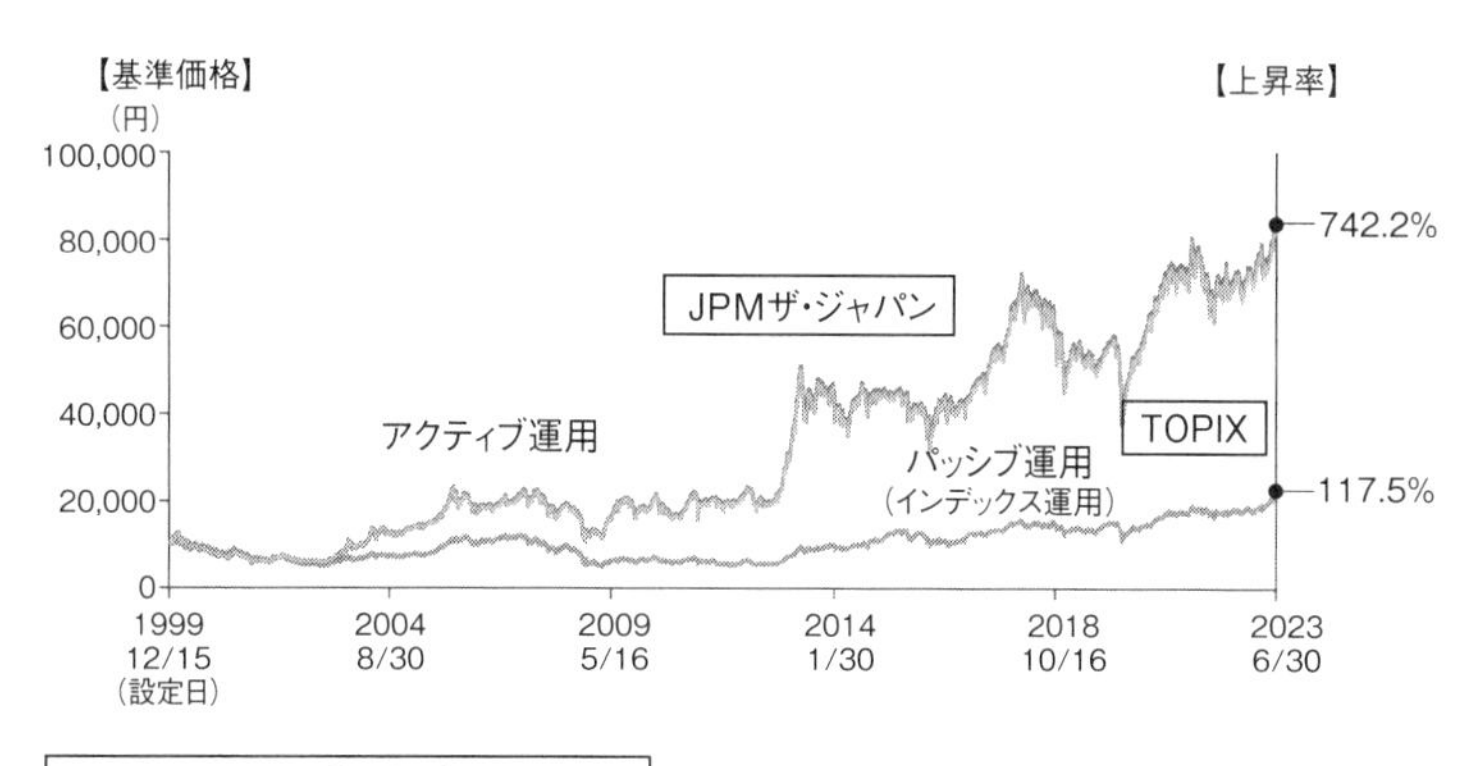

JPMザ・ジャパン 基準価格 83,120円

します(図1／数字はいずれも23年6月30日現在)。

ＪＰＭザ・ジャパンの運用開始日は1999年12月のことです。運用開始時の基準価額は１万円で、それが２０２３年６月末時点で８万３１２０円までになりました。23年と6カ月間で、元本が約8・3倍にまで成長したのです。

これを率にすると、ＪＰＭザ・ジャパンの上昇率は７４２・２％であり、配当込みＴＯＰＩＸの同期間中における上昇率は１１７・５％ですから、**インデックス運用をはるかに上回るリターンが実現**しました。これこそが、アクティブ型投資信託の魅力といってもよいでしょう。

「アクティブ型」は、「目利き力」が試される

「アクティブ型」とは、「パッシブ型」と対になる運用手法のことです（図2）。

パッシブ型は恐らく最近だと多くの方が購入されていると思いますが、いわゆる**インデックス運用**と呼ばれるもので、日本でいうと、日経平均株価や東証株価指数といった株価インデックスに対して、投資信託の基準価額――つまり投資信託を購入・解約する際に適用される価額（投資信託の一口あたりの価格）が、連動するように設計されています。

つまり東証株価指数が1年間で20％値上がりしたら、それに連動するタイプのインデックスファンドの基準価額も、20％前後値上がりします。連動性を高めるにも、システムや一定のノウハウが必要なため、運用会社によって巧拙（こうせつ）があり、コスト面でも優劣があります。しかし、基本的にはインデックスと同じ銘柄で構成するため、運用面での特徴やパフォーマンス成果で大きな差異はありません。

図2　パッシブ運用、アクティブ運用の違い
出所　JPモルガン・アセット・マネジメント公式サイトより一部改変

パッシブ運用

運用担当者の目標（目線）

市場全体の値動き

市場全体の動きに連動

連動性が高いほど、コストが低いほど
優良なファンドといえる。

アクティブ運用

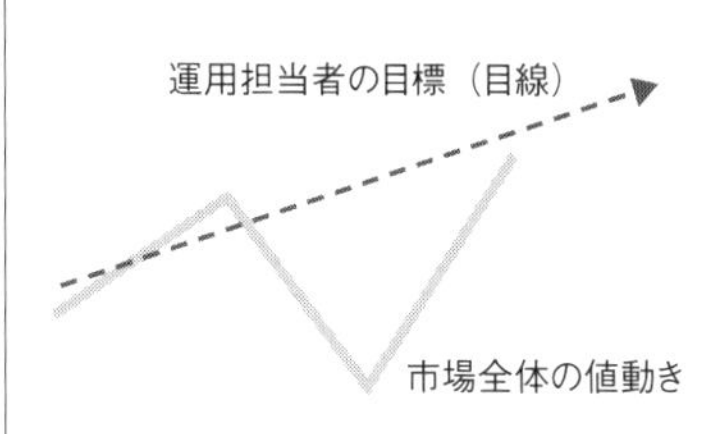

中長期的には市場全体を上回る
運用成果を目指す

様々な運用手法、特徴のファンドが存在する。

パッシブ運用（インデックス運用）の特徴

・市場全体を代表する指数（例・日経平均株価、S&P 500）をベンチマークとし、連動する投資方法。
・運用コストは比較的低い。運用担当者の調査や判断、それにともなうポートフォリオの変更（売買）が発生しないため。
・運用の中身は代表的指数のため、その内容や成果はわかりやすく透明性は高い。

アクティブ運用の特徴

・ファンドマネジャー（運用担当者）が市場の状況や企業の業績などに基づいて、銘柄の選択や重み付けを行う投資方法。一般的にベンチマークを上回る投資成果を上げることを目的とする他、特定の運用スタイル（高配当や成長株）、テーマ（AI、半導体、再生可能エネルギー）に基づいたポートフォリオを構築。
・企業調査、銘柄入れ替えのための売買コストなど、運用におけるコストがかかるため、信託手数料が一般的に高い。

一方、**アクティブ型**とは何かというと、たとえば東証株価指数をベンチマーク（投資信託などが運用の指標としている基準）とするアクティブ型投資信託だとしたら、東証株価指数よりも高いリターンの実現を目指して運用されます。

たとえば、東証株価指数が1年間で20％上昇するとしたら、アクティブ型投資信託は22％、25％などの上昇を目指すのです。

つまり東証株価指数の採用銘柄と全く同じ構成比で、全く同じ銘柄を組み入れていたのでは、このリターンを上回る運用成績を実現することはできません。組入銘柄数を絞り込み、銘柄Aは資産全体の7％を組み入れる、銘柄Bは資産全体の3％を組み入れるなど、**銘柄の「選別」と、組入比率に「濃淡」をつける必要があります。**それによって、中長期にわたってベンチマークを上回るリターンの実現を目指します。運用を担うファンドマネジャーの手腕が、大いに試されるといってよいでしょう。

投資信託は「運用のプロ」に託す投資手法

そもそも投資信託とは、株式や債券など主に有価証券をパッケージにした投資商品です。通常、株式を購入する場合、100株ずつというようにまとまった株数で購入しなければならないため、それなりに資金力が必要です。たとえば1株5000円の株式であれば、100株購入するのに必要な資金は50万円になります。でも、投資信託は大勢の人からお金を集めて合同運用する仕組みなので、1人あたりの出すお金は少額で済みます。以前は1万円からという投資信託が大半でしたが、最近は1000円で購入できるケースもあります。

さらに、**投資信託に集められたお金は、投資信託会社という運用の専門家（ファンドマネジャー）が銘柄を選んでくれる**ので、どの銘柄に投資すれば良いのか、どれとどれの銘柄を組み合わせれば良いのか、といった点に悩む必要がありません。たくさんの銘柄に分散して運用するという、本来であれば機関投資家（銀行や生命保険会社など大量の資金を使って株式や債券で運用を行う大口投資家）が行うような運用を、１万円程度の少額資金で、誰でも簡単に行えるのです。

現在、投資信託は６０００本近くが運用されています。株式に投資する投資信託、債券に投資する投資信託、それらを組み合わせて投資する投資信託、日本だけでなく海外市場に投資する投資信託など、種類もたくさんあります。それらは証券会社や銀行で購入できます。

ＪＰＭザ・ジャパンは「日本株を専門にする投資信託」として、４０００近い上場企業の中から銘柄を選び、長期にわたる運用期間でベンチマークを上回るリターンを実現させてきました。

厳冬の日本株市場で培った思考法

私のファンドマネジャーとしてのキャリアは1993年にスタートしました。新卒で日本生命に入社し、そこで日本株運用に携わったことを機にスキルを磨いて、現JPモルガン・アセット・マネジメントに転職。前述の「JPMザ・ジャパン」の運用担当者として、パフォーマンスを積み上げてきました。

2023年で、そのキャリアも31年目を迎えます。

しかし振り返ればこの30年という年月は、**日本株のアクティブ運用にとっては、厳冬の時代**に該当したのです。

冷戦時代と、冷戦終結以降の日米株価の比較の図を見てください（図3）。

1950年から1989年まで、いわゆる冷戦時代の日米株価を比較すると、日本株は米株に圧勝しています。**グローバル市場で、日本株、日本企業が席巻していた時代があった**のです。ところが1990年以降、バブルの崩壊とともに冷戦が終結すると、日経平均株価はぐっと下がり、米株が上昇しています。世界のお金は米国、そして中国などに流れていきました。また、投資手法も株ではなく債券、アクティブ運用ではなくパッシブ運用がメジャーになりました。つまり、**「日本株のアクティブ運用」は、三重苦を味わっていた**のです。

図3 冷戦時代と、冷戦終結以降の日米株価の比較
出所 『複眼経済塾監修　年4回投資術』（メディアックス）より一部改変

●冷戦時代の株価

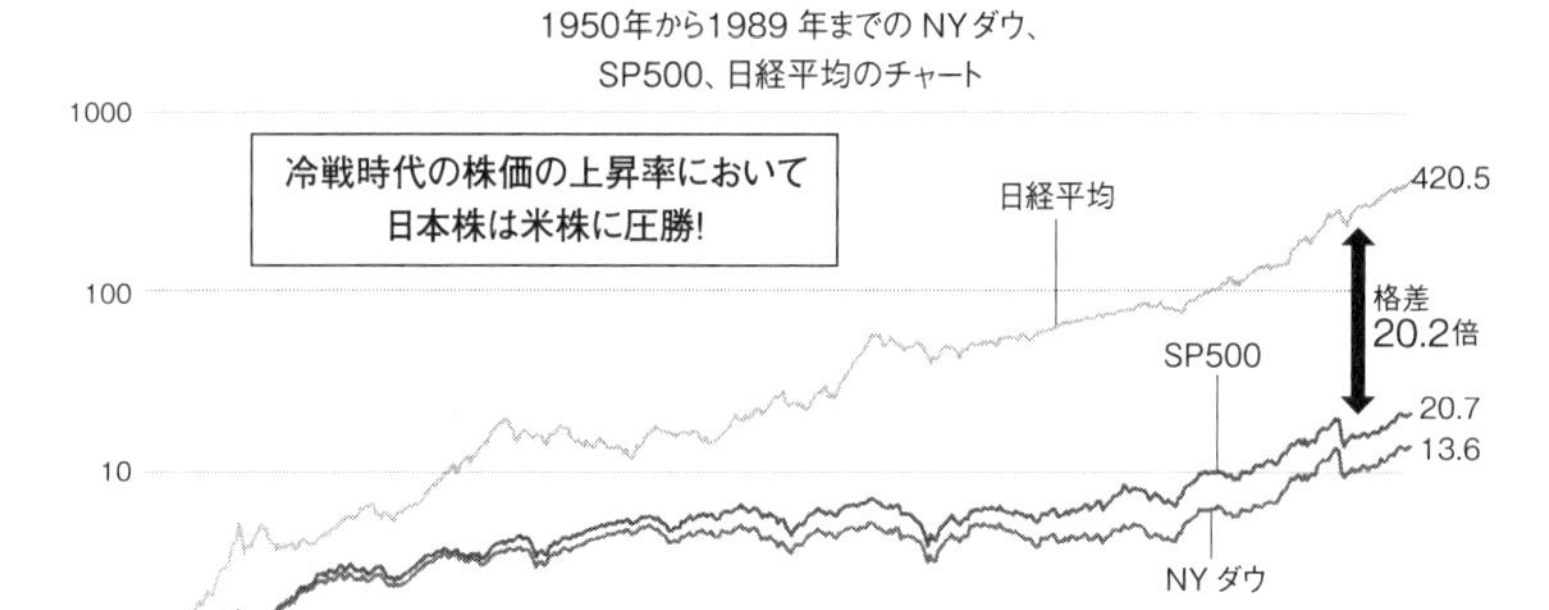

●冷戦終結以降の株価

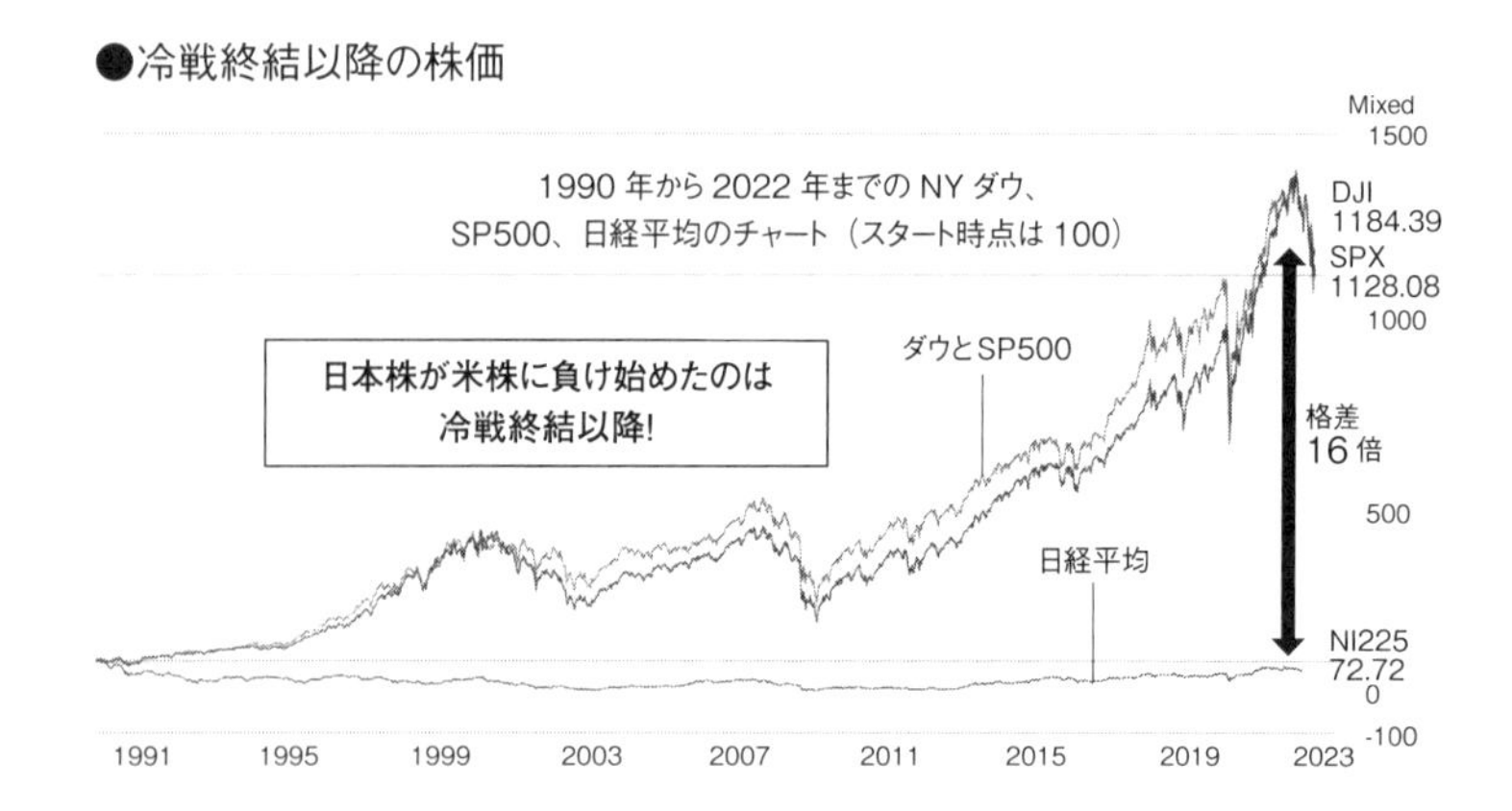

本書でも詳述しますが、30年という年月は、一つの大きなサイクルを形成します。日本経済が「失われた30年」ともいわれる中で、20年目にあたるころから、私も「そろそろ日本株がよくなるんじゃないか」とその芽を必死で探しましたが、残念ながらダウントレンドがつづきました。

しかし今、日本株はようやく、上昇トレンドに乗りつつあります。

ガソリン、不動産や食料品などモノの値段が上がることが「当たり前」になり、デフレからインフレになりました。33年ぶりの円安となり、日経平均株価は3万円台に乗り、消費者物価指数（CPI）は前年同月比3・1％を記録しました。設備投資も過去最高レベルに上がっています。「何十年ぶり」という言葉が大好物な私にとって、興奮の日々です。

さて、インフレ下では、資産運用の必要性がますます高まります。物の値段が上がると、現金の価値はどんどん下がっていきます。銀行の預金金利も上昇の気配を見せません。すると、インフレに強い資産を持つ必要があります。それに最も適しているのが株式投資、すなわち「企業のオーナーになること」なのです。

もはや、資産形成は、生活防衛術といえます。

私のモットーは、※「人間万事塞翁（じんかんばんじさいおう）が馬（うま）」です。馬から落ちて骨折をしても、それだけを見れば不運ですが、幸運に転じる可能性もあります。幸不幸は、「捉え方次第」です。

私が尊敬する創業経営者もこう話していました。「短期的に自分の身に起こる良いことや悪いことは、頭の中の概念にすぎない。（中略）本当に良いことか悪いことか判断できるようになるには、実は10年ぐらいかかるものだ」と。まさに至言です。

これは、人生においても、株式投資においても言えることだと思います。

一見、業績が悪い企業に思えても、いつ、何がきっかけで、良き方向に転じていくかはわかりません。私はこの30年、厳冬下の日本株アクティブ運用において、なるべく「人と違う目線、見方」をもって、企業が良き方向に転じていく「変化」を捉えることに注力してきました。私のあまのじゃくな性格ならではとも言えますが、そこに大きなパフォーマンスが生まれるのです。

日本株が上昇トレンドを見せ始めた今。そして、投資の裾野が広がり始めた今――。私が培った投資手法・哲学――いわゆる「逆転の思考法」の一端をお伝えすることで、一人でも多くの方の役に立てたら幸いです。

２０２３年８月28日

中山大輔

※「人間」のふりがなについて
「にんげん」とする場合は「人」の意味、「じんかん」とする場合は人と人の間、つまり「世の中」の意味になります。「にんげん」でも「じんかん」でも「人生」と捉えるといいでしょう。私はあまのじゃくなので、あまり一般的に使われない「じんかん」の方を好んで使っています。

目次

第2章

独自のスタイルを築くまで

第3章 尖った投資法

第4章 投資の3視点

第5章

歴史に裏打ちされた「循環と相対」

第6章

なぜ「株式投資」なのか

第7章

投資初心者のための13の心得

第8章 だから、あなたもできる

第1章

今、日本株が注目される理由

米国株式のリスクシナリオ①

この先、景気が低迷しても金融緩和できない

さて、本章ではこれから日本株が注目される理由について説明していきますが、**その前に、過去30年くらいにわたって続いてきた米国株式の好調が、これからも続くのかどうか**という点を、考えてみたいと思います。

結論からいうと、米国株式の展望については、**今後もこれまでのような上昇トレンドを続けることができるかどうかは、慎重に検討すべきで、特に「米国一強、一択」の考えには懐疑的**にならざるを得ません。なぜなら、その上昇トレンドを支えてきた要因が大きく変化しているからです。

一般的に景気が悪化すると、利下げをはじめとする金融緩和が行われます。それによって世の中にお金がたくさん回るようになるため、その一部が株式市場に流れ込み、

株価が上昇します。いわゆる「不景気の株高」と呼ばれる現象です。米国においては、新型コロナウイルスの感染拡大による影響を受けて経済活動が停滞し、世界で一斉に未曾有の財政出動が発動された、２０２０年、２０２１年が、まさにその状況でした。

実際、ニューヨーク・ダウは２０２０年３月23日に、コロナショックによって1万８５９１ドルまで急落した後、**２０２２年1月3日には3万６５８５ドルという過去最高値を更新**しています。ちなみに、２０２２年はこの最高値後に一旦大きく下落した後に反発しましたが、２０２３年はこの原稿を書いている7月時点で、大きなトレンドは生じておらず、22年の最高値は更新できていません。

しかし、**問題は米国経済がこの先、本格的な景気低迷局面に入った時にどうなるのか**ということです。

前述したように、景気が悪化すると金融緩和政策が行われるため、本来であれば株式市場に資金が向かいやすくなるはずですが、今回はそうなるかどうか、わかりません。地政学リスクや根深いインフレ懸念など複雑な要因が絡み合って、安易に緩和の姿勢に転じることはできないでしょう。

新型コロナウイルス感染拡大による景気悪化を避けるため、米国では家計や企業を支援する目的で、莫大な額の財政出動が行われました。総額で600兆円超ともいわれています。

これに加えて、FRB（連邦準備制度理事会：中央銀行）による大幅な金融緩和も実施されました。

そこにウクライナ侵略が絡み、米中対立問題も深刻化しました。**こうした地政学リスクの高まりによって、米国は今、サプライチェーンの大幅な見直しを求められています。**

中国からの「デフレ輸入」の終焉

サプライチェーンとは、原材料の調達から製造、物流、販売までの、商品が消費者の手に届くまでの流れを指しています。これまでは製造コストの安い国・地域で製品を作るため、たとえば中国に製造拠点を設ける米国企業がたくさんありました。アップルのiPhoneなどは、まさにその典型で、製造は基本的に中国です。

ところが、その中国と米国間の経済摩擦によって、米中関係は非常に悪化しています。そのうえ台湾問題もあり、下手をすれば軍事的な小競り合いがいつ生じてもおかしくない状況にあります。

そのような状況下で、いつまでも中国を「世界の工場」として頼り続けるわけにはいきません。そのため中国の製造拠点を、他の国・地域に移転させる動きが徐々に出始めていますが、何しろこれまで多額の投資を行って開発した製造拠点だけに、そうやすやすと他の国・地域に移転させるわけにもいきません。

というわけで、いずれ製造拠点を中国以外の国・地域に移転させるにしても、一気に、ドラスティックに移転させることはできません。

このように過渡期にある今、サプライチェーンの問題は深刻で、米国経済がインフレに襲われている最中でも、より製造コストの安い国・地域での製造が自由に行えず、しかもこれまで世界の工場として機能し続けてきた**中国でも、労働コストが大幅に上昇しており、製品価格を安く抑えるのが極めて困難**になってきているのです。

過去30年近くに及ぶ長さで続いてきた強い米国経済は、中国を世界の工場として、そこから安い製品を世界中に輸出して成り立ってきました。

しかし、ここまで説明してきたように、米国が、労働力など中国の潤沢でコストの低い経営資源を用いて成長するというビジネスモデルは、徐々に通用しなくなりつつあります。そのうえ、パンデミックによる経済活動の低迷を避けるため、大規模な財政出動と大幅な金融緩和が重なってしまいました。このような状況下で、今後、景気が悪化したからという理由で金融を緩和すれば、瞬く間に物価は上昇傾向をたどり、インフレが昂進するリスクが高まります。

景気が低迷した時に、その対策として行われる財政出動、ならびに金融緩和のいずれも、インフレに阻まれてしまったのです。金融緩和ができなければ、景気はいつまで経っても回復せず、株式市場にとってもネガティブな要因でしかありません。

米国株式のリスクシナリオ②

中長期サイクルに見る米国株、勝ち組の構図は続くか

もうひとつ気になるのが、**株価の中長期サイクル**です。マーケットには「山高けれ

図4　市場の中長期サイクル——米国優位はいつまで続く?
米国株式と、EAFE（米国とカナダをのぞく、日本など先進国株式）のパフォーマンス推移
出所　ブルームバーグ、SMBC日興証券（同社チーフ株式ストラテジスト安田 光）

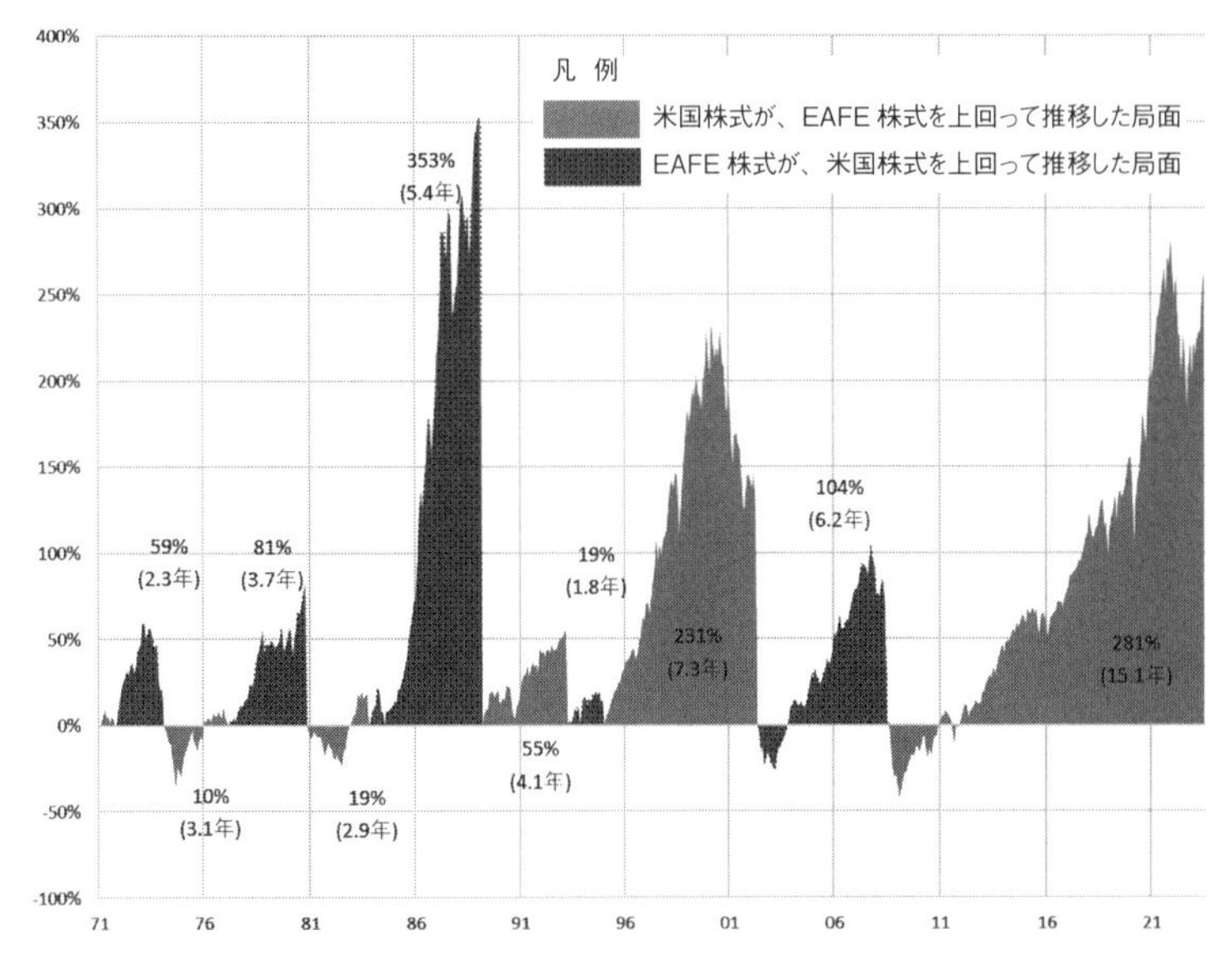

注　MSCI EAFE（MXEA Index）、MSCI US（MXUS Index）の各月末時点における1年リターンをベースに局面を判定。
細かい局面変化は前の局面が継続と判断

ば谷深し」という格言があります。この格言は意外と的を射ているものです。では、米国株式市場はどうなのでしょうか。

1971年以降の米国株式市場のパフォーマンスに目を向けると（図4）、「米国とカナダを除いた、日本など先進国の株式市場（EAFE）のパフォーマンスを上回った時期」は、通算で5回あります。ちなみにEAFEは「Europe（欧州）」、「Australia（豪州）」、「Far East（日本など極東）」の頭文字を使った言葉です。

期間と、その間の累積リターン（ピーク時）は、次のようになります。

1974〜1977年（3・1年）……10％
1981〜1984年（2・9年）……19％
1990〜1994年（4・1年）……55％
1994〜2002年（7・3年）……231％
2007〜2022年（15・1年）……281％

2007〜2022年までの累積リターンは、1994〜2002年までのそれとほぼ同じですが、何しろEAFEのパフォーマンスを上回っている期間が、直近は圧倒的な長さで、15年にも及んでいます。**まさにこの15年間は、米国経済の一人勝ちだったといってもよい**でしょう。

これだけ長い間、米国経済が我が世の春を謳歌できたのは、**中国や、旧ソ連の崩壊によって自由主義経済に転じた東欧諸国から安い労働力が供給され、世界的にディス**

インフレが醸成されたからです。

ディスインフレとは、デフレのように継続的に物価が下落するような状況ではないものの、物価上昇率が極めて緩やかな状態が続くことを指しています。ディスインフレ下では金利を低く抑えられるので、経済活動が活性化され、株価も上昇しました。

そのうえ、**2008年のリーマンショックや、2020年のコロナショックで大幅な金融緩和と財政出動が行われたため、さらに大きなお金が世の中に流れ込み、それによってだぶついたマネーが株式市場に向かったことによって、さらなる株高が引き起こされた**のです。

こうした流れは、米国経済にとって非常に好循環でした。だからこそ15年もの長期間にわたって、米国の株価は上昇し続けられたのです。

しかし、それが今、逆回転しようとしています。パンデミック後、経済活動が正常化へ向かうなかで全般的な労働力不足が生じ、モノやサービスの供給が需要に追い付かなくなった結果、近年まれに見る物価上昇が続き、それに地政学リスクが追い打ちをかけました。

前述したように、今後景気が後退局面に入ったとしても、今の米国はそう簡単には金融を緩和させる訳にはいかないはずです。すでに米国経済は、隘路（あいろ）にはまっている恐れがあります。

このように考えていくと、これからの米国経済に関しては、警戒しておく必要がありそうです。

一部では、米国の覇権が崩れるといった声もありますが、私自身は、そこまでは考えていません。しばらく米国の覇権は続くでしょう。ただ、それに挑戦する国・地域は出てくる可能性があります。

通貨の世界でいうと、たとえば米ドルの基軸通貨的な立ち位置を脅かすものとして、金価格の推移が気になるところです。現在、金価格は過去最高値圏にありますが、各国中央銀行が持っている資産の一部を、米ドルから金に切り替えているという動きが見られます。それだけ米ドルに対する信認が低下しているという見方があります。

なぜ米ドルの信認が低下したのかというと、もはやかつてのように米国一強という時代ではなくなったということなのかもしれません。中国が経済力をつけたように、他の国・地域も経済力を徐々に高めていくなか、かつてのように何もかも米国に頼ればよいという時代ではなくなりつつあります。

直近では、中東の原油取引やＢＲＩＣＳ諸国（経済成長が著しいブラジル、ロシア、インド、中国、南アフリカ）同士の貿易決済において、米ドル決済を前提としない動きや、米国国債の格下げなど、米国の構造的な強みにも懸念が生じてきています。米ドルへの信認に少しでも疑義が生じれば、我々世代が経験したことのないような影響、例えば米国インフレの急進などの恐れも、想像できるのではないでしょうか。

これらの点を総合的に考えると、これから先、特に米国の金融市場、あるいは資本市場には、不測のストレスがかかる恐れがあります。それを念頭に置いて、株式市場を見ていく必要があります。

日本経済の復活シナリオ①

起爆剤は「Web3・0世代」

一方で日本経済については、復活シナリオを描くことのできるような大きな転換点を迎える可能性が高いとみています。その最大の根拠は、**「敗戦国のメンタリティ」を持っているかどうか、という点の違い**です。

私を含め「団塊ジュニア」と呼ばれている50代以上の人々（例えば**「Web1・0世代」**と呼称できるでしょうか）や、「就職氷河期」から「リーマンショックや東日本大震災」など厳しい局面で社会的価値観を形成してきた30代後半～40代の人々（**「Web2・0世代」**）と、今の20代より下の人々（**「Web3・0世代」**）の世の中に対する認識・理解には、大きな違いがあるように思えます。

それは、世間で一般的にいわれている「ジェネレーションギャップ」とは少し違います。恐らく、親や祖父母の経験談から先の戦争を知り、**敗戦国のメンタリティ**のようなものを持っているかどうかの違いです。それに対して今の若い世代、とりわけ10～20代には、敗戦国のメンタリティはほとんどないように思えます。

もちろん、それがいいのか、悪いのかという話ではありません。20代、30代は先の大戦における引け目のようなものをほとんど持たず、しかも**デジタル・ネイティブ**であり、日本という国籍に囚われることなく、グローバルなステージでどんどん活躍する人材が輩出される期待感が高まっているように思えるのです。特に**Web3・0やAIなどの分野**で、日本人の活躍できるステージが、これからどんどん広がっていくような気がしています。

また、優秀とされる人材のキャリアパスも、大きく変わってきました。かつて、最優秀とされた人材は、大半が高級官僚、大企業、士業にキャリアパスを求めましたが、**今の若い優秀な人材は、海外企業や国内外のスタートアップ企業に行く**ようになりました。

米国の場合、もともと優秀な人材はスタートアップに行くのが普通であり、だからこそ強い経済を維持してきたわけで、日本がそこに追いつくためには、まだ時間がかかりますが、何しろこれまでスタートアップに優秀な人材が入るケースはほとんどなかっただけに、変化という点で見れば、これは非常に大きな動きになります。

『シン・ニホン』（NewsPicksパブリッシング）を著した安宅和人氏（慶應義塾大学環境情報学部教授／Zホールディングスシニアストラテジスト）は、「日本はグランドデザインを描いて、新しい世界や産業をつくるのは下手だけれども、そこに改良を加えた新しいサービスなどを乗せるのが上手い」ということを語っていますが、これは本当だと思います。

たとえば自動車という新しい移動手段を量産化し、世の中を大きく変えたのは米国のフォードですが、新車の総販売台数を見ると、日本のトヨタが世界一になっていますし、1970年代に環境性能を高めたCVCCというエンジン技術で、本田技研工業が世界中の注目を集めたのも有名な話です。

この伝でいえば、ブロックチェーン技術を核にした分散型ネットワークである、**Web3・0が実用化される時、そこに乗せる新しいサービスの開発で、日本のスタートアップ企業が活躍する可能性は十分にあります。**

さらにこの上乗せ、展開、工夫の動きは、デジタル化やＤＸ（デジタル・トランスフォーメーション）化が難しい「リアルの産業」において、日本から新たな事業・サービス・産業が育ってくることも期待できるでしょう。つまりは労働集約的な小売、物流、あるいは建設、インフラ設備、環境エネルギー関連事業などにおいて、デジタル・ＤＸがインストールされて、生産性が劇的に向上するといった可能性が想定されます。

なお安宅さんは、日本の産業界に必要なものとして「物魂電才」という概念も提唱されていました。以下はその概念の一部です。

「モノとリアルな世界の価値を大切にし、これをまったく新しいデジタル×ＥＳＧ的な才覚で価値創造する、これが物魂電才だ。（中略）日本は和魂洋才を掲げ、（中略）産業革命の最後の果実をもぎ取った国だ。いまの僕らにとっての和魂があるとするならば（中略）モノ、リアルに対する圧倒的な執着のように思う。これを宝にしつつも、新しい世界をいかに生み出していくか」（安宅和人氏ブログ　２０２２年10月10日記事より抜粋）

そして、その中心人物は、敗戦国メンタリティに囚われていない、今の20代、30代になるでしょう。ここが日本経済復活の起爆剤になると見ています。

日本経済の復活シナリオ②

人にもモノにも「投資」し始めた

Ｗｅｂ3・0世代が日本を変える可能性を秘めた世代であるのに対し、Ｗｅｂ1・0世代、あるいはＷｅｂ2・0世代も、過去の成功体験というしがらみに囚われることなく、少なくとも現状を変えなければならないという意識が、芽生えつつあります。

では、なぜＷｅｂ1・0世代とＷｅｂ2・0世代は、「日本の現状を変えなければならない」という意識を持つようになったのでしょうか。

それは、このままの状態を続けていても、日本に後がないことに気付いたからだと思います。

少なくともこの30年、日本企業は過去の成功体験に囚われ続けてきました。世界はどんどん変化しているにもかかわらず、昭和の時代の成功体験に囚われ、組織を変えるために必要な改革や投資に後ろ向きになり、内部留保を貯め込んで非効率性を積み上げることになってしまったのです。

その結果、確かにバランスシートの安全性は高まりました。内部留保の蓄積＝自己資本比率の向上によって、資金繰りは非常に良くなったものの、**人にもモノにも投資してこなかった**ため、企業の力はどんどん削がれていきました。それでも何とかここまで持ちこたえることができたのは、国内人口が1億人以上いて、バブル経済時に蓄えた競争力が辛うじて残り火のように燻(くすぶ)っていたからです。

しかし、これから先、何もしなければ、この残り火も消えてしまうでしょう。すでに日本は人口減少・超高齢社会に入っており、とりわけ働いて稼ぐ世代の人口が著しく減少しています。これから加速度的にそうなっていきます。

国内設備投資は、過去最高水準に

人口が減少すると、せっかくの収益チャンスを取り逃がすことにもなりかねません。

最近では、日本の観光業がまさにその状況にあります。新型コロナウイルスが5類にダウングレードされ、世の中全体が正常化へと進み、海外からの観光客が大挙して日本に押し寄せているにもかかわらず、宿泊施設で働く人たちが大幅に不足してしまっているのです。

パンデミックによる行動制限期間中、宿泊施設は大幅な人員削減によって危機的な状況を乗り越えようとしました。

その間、宿泊施設を辞めた人たちは他の仕事に移ったわけですが、インバウンドが回復したからといって、再び宿泊業に戻る人は少なく、その結果、7、8割のホテル・旅館が人手不足に陥っているというデータもあります。

ここまで働く人が減ってしまうと、いくらインバウンドによって外国人観光客が増えたからといって、すべてを受け入れることができません。働く人が半分になれば、単純計算でも、半分の宿泊客しか受けられなくなります。それでは、せっかくの収益機会を、みすみす取り逃がすことになってしまいます。

グローバルの視点から見ても、日本のポジションが改めて注目され始めています。グローバルサプライチェーンの見直しによって、これまで中国をはじめとする諸外国にあった生産拠点を、日本に移転させようという動きもあります。それだけ日本の労働力が、国際水準で見て安くなったともいえるのですが、たとえば韓国サムスン電子の横浜半導体開発拠点建設や、台湾の半導体受託製造大手である、台湾積体電路製造(TSMC)の熊本工場建設などは、まさにその一例といってもよいでしょう。

ちなみにTSMCは日本に2カ所目の生産拠点を設ける方向性を打ち出しています。TSMCは台湾企業なので、中国との地政学リスクの高まりから、生産拠点をグローバルに分散させるという狙いもありますが、いずれにしても日本が生産拠点として再び脚光を集めつつあるのは事実です。

しかし、こうした動きも日本に十分な労働力がなかったら、絵に描いた餅になってしまいます。こうしたなかで、日本が何もせずに手をこまねいていたら、人手不足はますます深刻化し、経済にマイナスの影響が生じてくるでしょう。

だからこそ、人口減少社会のなかでも一定の生産量を確保できるように、DX、AIの導入をはじめとして、**設備や人、モノに多額の投資をし、日本企業の生産性を大きく向上させなければならない**のです。

とはいえ**今、国内の設備投資が90年以来のピーク水準まで拡大している**ことは心強いことです。一歩、二歩、進み始めているといえましょう。

こういう瀬戸際の中で、Ｗｅｂ１・０世代、あるいはＷｅｂ２・０世代も、ようやく変わらなければならないという意識を強く持ち始めたのではないかと思うのです。

この流れが強まれば、「少子高齢化、人口減少」といった課題解決の先駆者として、世界をリードし、評価を高めていくことができるでしょう。

日本株復活を、見極める視点①

中長期サイクルに見る日本株の上昇は始まったばかり

日本が変わる。日本経済が変わるとなれば、当然のことですが、日本株を取り巻く環境も、大きく変わる可能性があります。

日本の株価の、中長期サイクルも見てみましょう。世界のお金の流れが日本に向かい始めていることがわかります。

失われた30年の「不況感」

高度成長期からバブル期にかけては、世界のマネーが日本に向かっていました。日本経済がピークを記録したのは、内閣府の景気基準日付からすると**1986年11月から1991年2月までのバブル景気**でしょう。**株価も、1989年12月、日経平**

均株価で3万8915円という過去最高値を更新しました。日本国内には多数の外資系金融機関が設立され、東京市場は、ニューヨーク、ロンドンと並ぶ世界三大金融市場などといわれる時代が、確かにありました。GDPは米国に次ぐ世界第2位にまで成長し、山手線の内側の地価だけで米国全土を買うことができる、などといわれた時期です。

その後、バブル経済の崩壊とともに株価は長期で低迷することとなり、日本経済は停滞を余儀なくされました。不動産価格も暴落し、金融不安が浮上。大手銀行や証券会社が次々と破綻して大小の金融機関の経営が行き詰まり、長期のデフレ経済になりました。

実はその後も幾度となく景気の山（好景気）はありましたが、バブル期ほどの好況感を味わえた時は、恐らくないと思います。

もっといえば、バブル以降、日本の景気が谷（不景気）から山（好景気）に至るまでの過程（図5）は、

1993年10月～1997年5月

図5 日本におけるバブル景気以降の「好景気の波」
出所　内閣府発表「景気動向指数」2023年5月分（速報）より一部改変

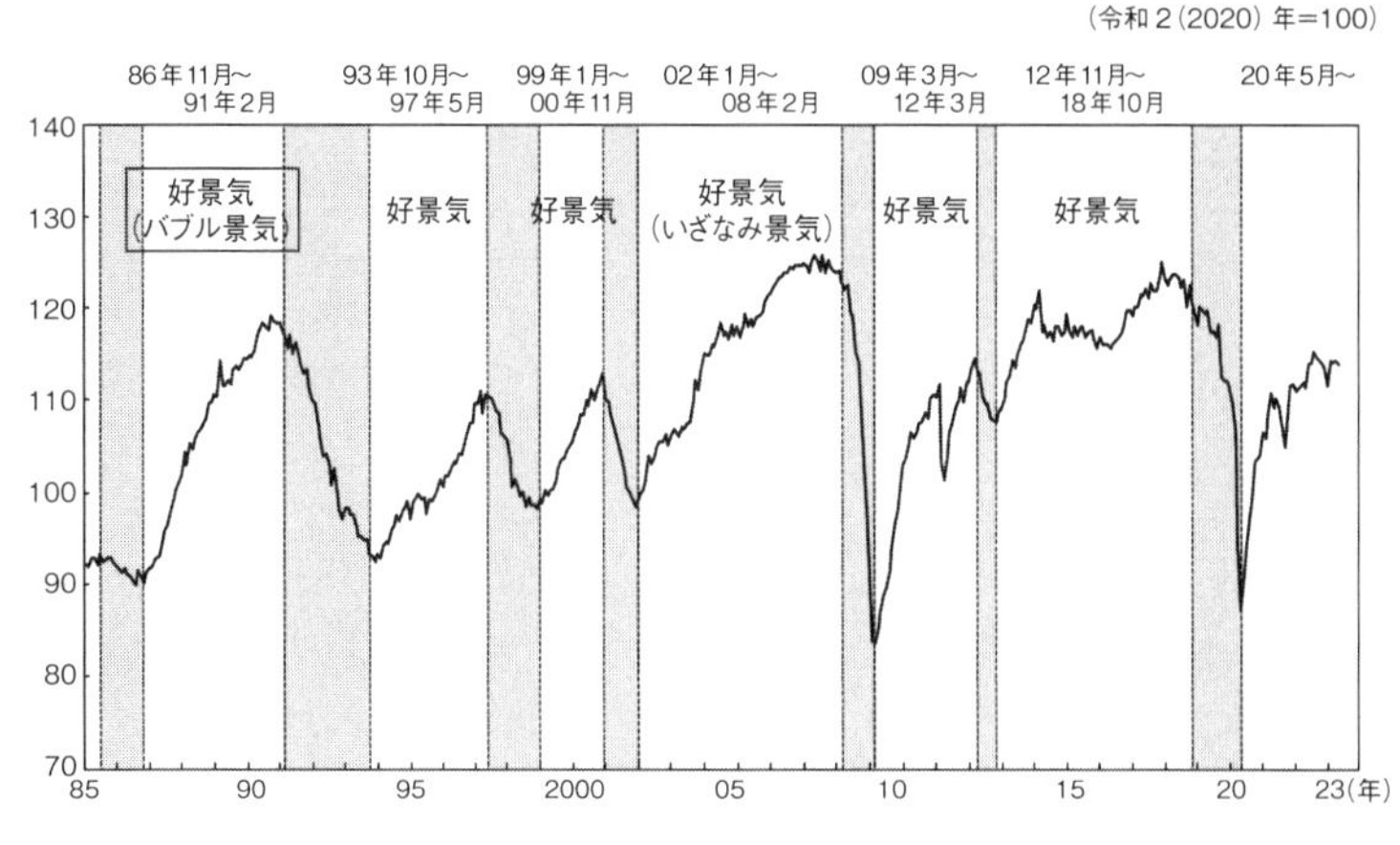

注　シャドー部分は景気後退期を示す

1999年1月〜2000年11月
2002年1月〜2008年2月
2009年3月〜2012年3月
2012年11月〜2018年10月

というように5回もあったのですが、

この間も日本国内の物価水準はデフレ気味に推移し、高度経済成長期やバブル経済期ほどには、会社員の収入も伸びませんでした。確かに、景気循環の上では景気拡張局面とされていたものの、いずれの局面も、それほど**好況感を実感することなく、今に至っている**というのが、正直な印象だと思います。

一方、中国をはじめとする新興国経済

の成長に期待が集まり、先進国ではインターネット社会の到来とともに、米国経済が力強い成長路線を辿るようになりました。

こうなると、かつて日本にどんどん流れ込んでいたお金が、海外に流出します。日本企業も、経済のグローバル化や円高の影響で、日本国内でのモノづくりをしなくなり、生産拠点をどんどん海外に移転させました。日本から海外に資金が流出しただけでなく、雇用する力も海外に奪われていったのです。

でも、その流れがようやく終わろうとしています。

日本の株式市場145年の歴史までさかのぼる

さらに過去を振り返ってみましょう（図6）。東京証券取引所の前身・東京株式取引所が売買立会を開始したのは、1878（明治11）年6月1日です。それ以来、145年もの歴史があるのですが、この間の株価サイクルを見てみましょう。

日本最初の上場企業のひとつといわれている東京株式取引所の株価を見ると、**1920年3月にピーク**をつけています。東京株式取引所が取引を開始してからここまでの年月は、**41年と9カ月**でした。これだけ長い上昇トレンドを描き、株式分割も含めて計算すると、東京株式取引所の株価は297倍にもなっています。

しかし、当然のことですが、**上がり続ける株価はありません**。1920年からは低迷期に入り、1943年には戦争の影響により、全国11カ所にあった株式取引所は日

図6　日本の株式市場145年の歴史

出所『複眼経済塾監修　年4回投資術』(メディアックス)より一部改変

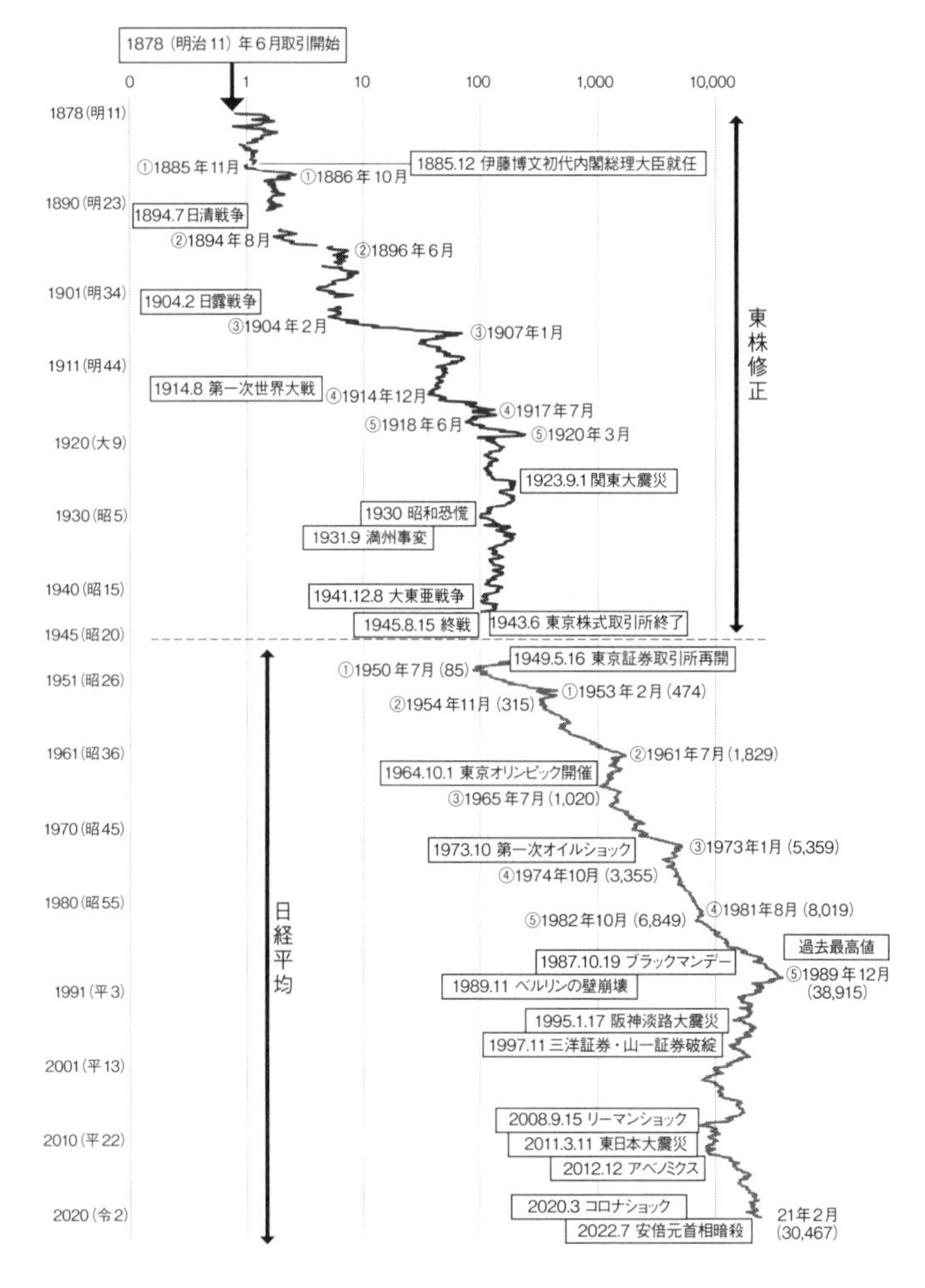

注　東株修正は増資に伴う新株割当で増加した株数で修正

本証券取引所に統合されました。株式取引そのものが成立しなくなり、**約23年間もの長期間にわたって低迷が続いた**のです。

戦後、1949年5月から株式市場が復活しました。ここから日本の株価は上昇局面に入ります。途中、証券不況やオイルショックといった景気の低迷はあったものの、長い目でトレンドを追うと、**日本の株価は1989年12月につけた日経平均株価のピークまで上昇し続けました。戦後の再スタートから40年と7カ月間**です。この間の株価上昇は、日経平均株価をベースにすると、225倍にも達しています。

そして、ここからバブルの崩壊などを経て、日本の株価は低迷し、**再び上昇局面に入ったと思われるのが、2013年**のことです。ご存じ、**「アベノミクス」を受けた株価上昇**です。ちなみに1989年12月以降、2013年1月までの**株価低迷期の期間は、23年と1カ月**です。

物凄く大きな視点で見ると、**日本の株式市場は40年前後にわたって上昇した後、23年前後にわたって下落するというパターン**が見られます。もし、この循環が繰り返されるのだとしたら、**日本の株価は２０１３年から上昇局面に入っているので、２０５３年くらいまで上昇し続ける**と考えられます。

もちろん、その間には小さなクラッシュが何度か起こるでしょう。２０１３年以降でも、２０１４年9月25日から10月17日までの米国ＱＥ３（量的緩和策の第3弾）終了に伴う株価下落、２０１５年6月24日から２０１６年2月12日にかけてのチャイナショック、２０１８年10月2日から12月25日にかけての米中貿易摩擦の悪化、そして２０２０年2月12日から3月19日にかけてのコロナショックというように、幾度となく株価は大きく下げています。

でも、この手の株価急落を経ながらも、**日経平均株価は２０２３年7月現在も、上昇し続けています**。

したがって過去の循環、世界のお金の流れで考えると、日本株の上昇はまだまだ始まったばかりとも考えられます。

日本株はこれまで明らかに「駄目」でした。もちろん、ＩＴバブルや小泉郵政改革相場、アベノミクスなど、時々、盛り上がる局面もあるにはあったのですが、日本経済が根本的に「良い方向」に変わるほどの状況ではありませんでした。

でも今、日本の株式市場に起こっていることは、１９９０年代に入ってからのバブル経済の崩壊という負の局面を経て、ようやく相場が明確にポジティブな状況に変わろうとしている局面です。**いよいよ日本株に、大きなプロフィット（利益）チャンスが訪れようとしている**のです。

東京証券取引所の「ＰＢＲ１倍割れ改善」要求

もっというと、これからの日本は、さらに投資環境が良くなっていくと思われます。今までは、企業が得た利益の多くが内部留保に回されていたため、人や設備に対する投資が十分に行われず、かといって株主に対する還元も行われないため、企業の競争力と効率性は低下しました。当然ながら**ＲＯＥ（自己資本利益率）**も高くならないので、日本企業に投資しようという機運も高まりませんでした。日本の株式市場で、**ＰＢＲ（株価純資産倍率）１倍割れの企業**が非常に多かったのは、企業価値、株主価値を上げようという努力が圧倒的に足りなかったことの帰結といえるでしょう。

ＲＯＥはＲｅｔｕｒｎ　Ｏｎ　Ｅｑｕｉｔｙの略で、自己資本利益率といわれるように、企業が株主などから出資してもらった自己資本に対して、どのくらい高い収益

図7 指標の定義

参考　日本取引所グループ公式サイト、日本証券業協会公式サイト

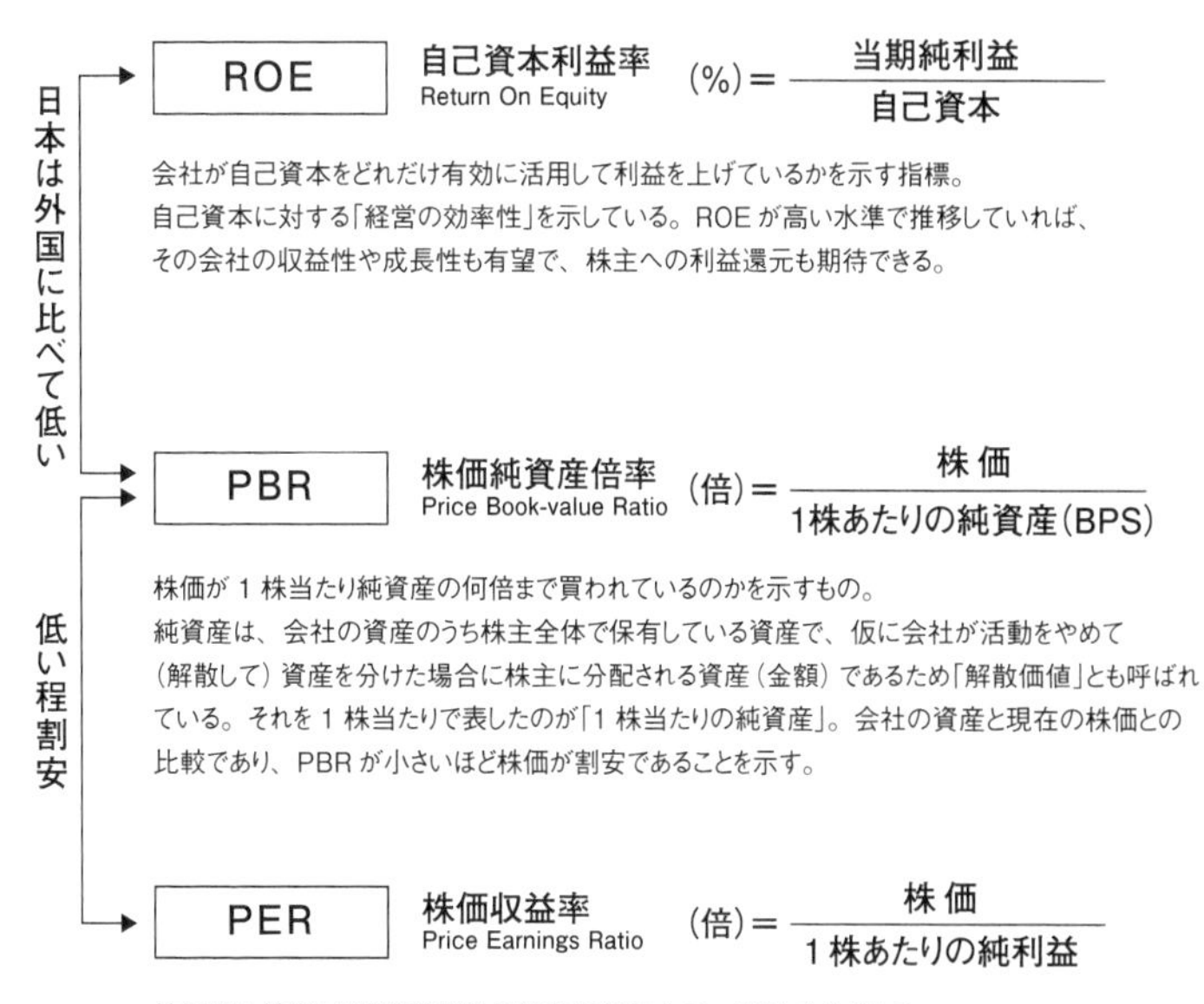

株価が 1 株当たり当期純利益の何倍まで買われているのかを示すもの。
株価収益率が高いほど、利益に比べ株価が割高であることを示し、逆に、株価収益率が低いほど、
株価が相対的に低いことを示している。

配当金

会社が得た利益の一部を株主に還元するお金のこと。
配当金は会社の判断で支払われることから、利益があっても支払われない場合や、利益が
無くても支払われる場合がある。

［配当利回り］　決算期の 1 株当たりの年間配当金が、株価（投資金額）の何%に相当するかを示す指標。

$$(\%) = \frac{1\text{株あたりの年間配当金}}{\text{株価}}$$

を上げているのかをはかる数値です（図7）。

よく「日本企業は内部留保を貯め過ぎている」と批判されますが、まさにその通りで、過去に稼いだお金を投資に回さず、**万が一の時のために会社内部に貯め込んでいると、株主資本がどんどん分厚くなる半面、収益を上げるための投資をしないことから収益力が低下するため、ROEは低下**してしまいます。

また、PBRはPrice Book-value Ratioの略で、株価を1株あたり純資産（BPS）で割って求められる数値です。

純資産とは、前述した自己資本も含め、その企業が持っている、自由に使えるお金すべてを包括した勘定科目のことで、会社を解散させた時、株主に対して配当される財産と言っても良いでしょう。この純資産を発行済株式数で割って求められる、1株あたり純資産と株価を比較して算出されます。**この数字が1倍未満の企業は、株価が会社の解散価値よりも低くしか評価されていない**ことになります。

多くの日本企業はこれまで、ROEとPBRが諸外国に比べて低い点が指摘され続けてきました。それだけ株式市場における企業価値の評価が低いままに、放置され続けてきたのです。

でも、それがいよいよ大きく変わってきました。

企業はガバナンスを一層重視し、**配当をはじめとする株主還元を積極的に行い、資本政策を見直すことによってROEが向上**してきています。結果、日本の企業価値が徐々に向上し始めていて、それが累積的に積み上がるようになってきました。

また、**東京証券取引所が、PBRが1倍を割り込んでいる上場企業に対して、その要因を分析させるのと同時に、改善するための具体策を開示するように求めた**ことも、株価上昇につながる可能性を高めています。

とにかく、これまでの日本企業は、BPS（1株あたり純資産）の増え方が鈍く安定性にも課題があったので、大きく増える欧米企業に投資資金が回ってしまい、日本企業はなかなか投資対象とされませんでした。このBPSの増え方が今後、欧米水準に接近するようになれば、いよいよ本格的に日本株投資が見直されるようになります。

「貯蓄から投資へ」

動く、個人マネー

本章の最後として、果たして個人の資産運用はこれから変わるのかどうか、という点について考えてみたいと思います。

日本銀行が四半期ベースで公表している「資金循環統計」の数字を見ると（図8）、2023年3月末時点における家計金融資産の総額は2043兆円で、過去最高を更新しました。このうち、現金・預金で保有されている額が1107兆円で、全体の54・2％に相当します。

もし、ここから**5％のお金が株式市場に流れたら、金額にすると55兆円もの資金が株式市場に流入することに**なります。

ちなみに東証プライム市場の時価総額は、7月18日時点で805兆7168億円なので、ここに55兆円もの資金が流入してきたら、明らかに株価にはポジティブな影響を及ぼすでしょう。

そんなわけで、政府は2001年から「貯蓄から投資へ」という掛け声を上げ、そ

図8　家計の金融資産

出所　日本銀行調査統計局「2023年第1四半期の資金循環」2023年6月27日付（速報）より一部改変

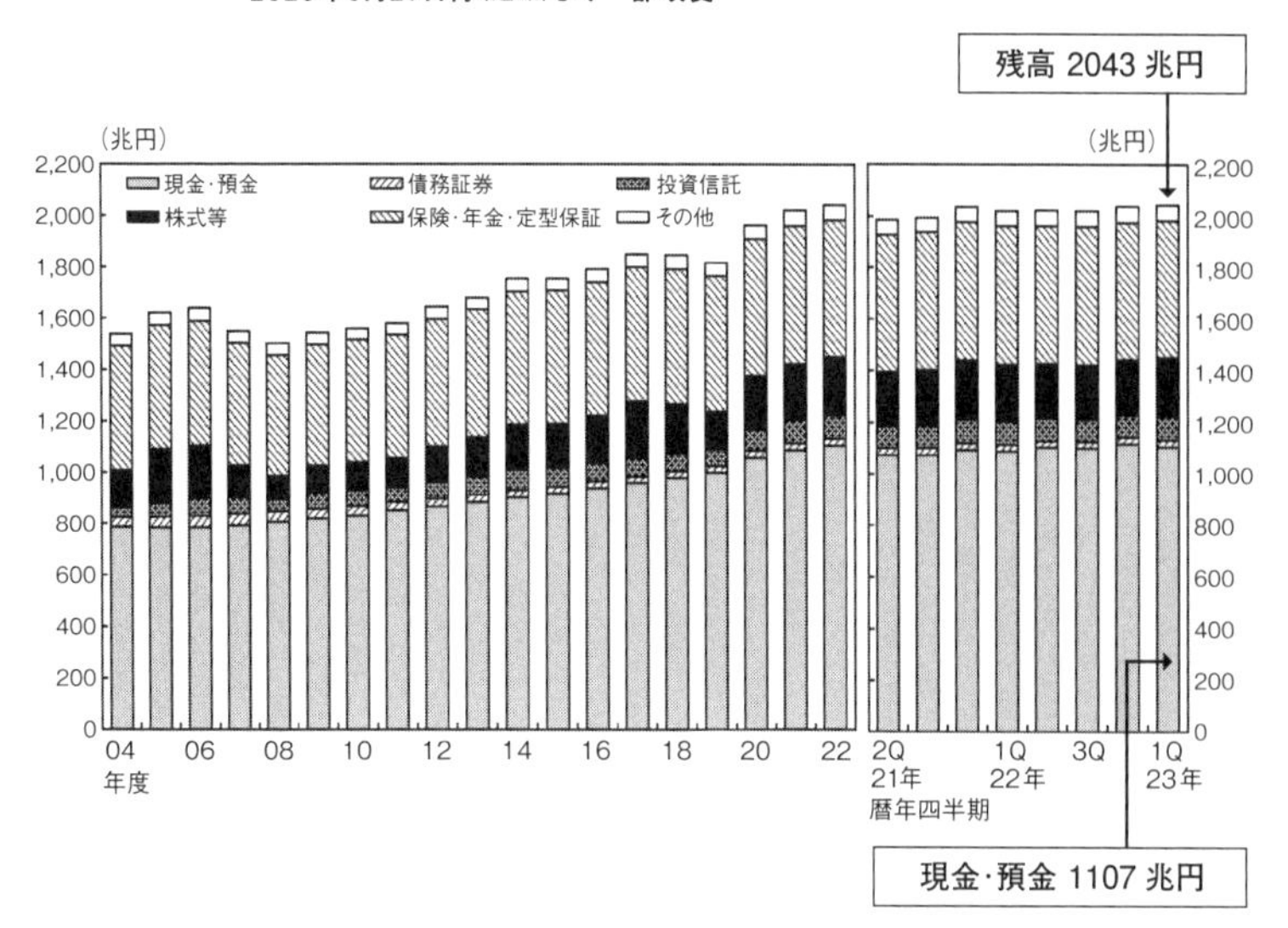

れを一所懸命に推進してきたのです。

とはいうものの、この20年にわたって、個人金融資産に占める現金・預金の比率は上昇傾向をたどってきました。「日本人は預金大好き」といわれるのは、こうした数字によって裏付けられたものです。

しかし、恐らく今回の局面においては、さすがに貯蓄から資産形成への動きが、少しは出てくるものと期待しています。なぜなら、投資を中心にした資産形成に動かざるを得ない要因が、いくつかあるからです。

投資に動く要因①
インフレ

第一にインフレです。デフレ経済のもとで物価がどんどん下がっていくなかでは、資産を現金のまま保有していても、何の心配もいりません。物価が下がっていくのですから、それは実質的に運用でお金を増やしているのと同じ理屈になります。

しかし、インフレになって物価が上昇する時、資産の多くを現金で持っていたら、確実に購買力は失われていきます。今年買うより来年買うほうがより多くの資金が必要になるということです。預金で運用するにも、日本の場合、どうやらしばらくは金利が本格的に上昇する気配を見せないので、その利息でインフレに勝つことはできないでしょう。

となると、**インフレに強い資産を持つしかありません。そのひとつが株式です。**インフレという環境のもとでは、一般的により多くの人が株式を選好するというのが自然な流れなのです。

投資に動く要因②

新NISA

もうひとつの要因はNISAです。NISAは2014年からスタートした制度で、すでに9年が経過していますが、2024年1月から「新しいNISA」に移行します。

この、新しいNISAでは、運用によって得られる収益に対する非課税枠が大幅に拡大されます。

現行のNISAは、株式にも投資できる「一般NISA」と、特定の投資信託の積立のみが可能な「つみたてNISA」があり、そのいずれかを選択する必要がありました。ちなみに一般NISAの非課税枠は、1年間で最大120万円。非課税期間は5年間で、この間に最大600万円まで積み上げた投資元本から生じる運用収益が非課税対象になります。

またつみたてNISAは、年間最大40万円まで積み立てることができ、最長20年間の非課税期間が設けられているので、合計で800万円まで積み立てた投資元本から生じる運用収益が非課税になります。

一方、**新しいＮＩＳＡは、「成長投資枠」と「つみたて投資枠」があり、成長投資枠は年間最大２４０万円まで。つみたて投資枠は年間最大１２０万円までの枠が認められています。**

しかも、**非課税期間は無期限**で、非課税枠内であればいつ売却、もしくは解約しても利益に対して課税されず、さらに非課税保有限度額である１８００万円の範囲内であれば、解約した後に買い付けることも可能です。一般ＮＩＳＡやつみたてＮＩＳＡは、一度解約もしくは売却すると、その枠の再利用は認められていなかったのですが、新しいＮＩＳＡでは、枠の再利用までもが認められることになったのです。

新しいＮＩＳＡで投資できるのは、株式ならびに株式投資信託などになりますが、つみたて投資枠はあくまでも投資信託のみに限定されます。

したがって、株式投資によって生じる配当金、売却益を非課税にするためには、成長投資枠で購入する必要があります。

ちなみに、新しいＮＩＳＡの非課税保有限度額は１８００万円ですが、成長投資枠で非課税運用できる額は、前述したように年間２４０万円までで、総額は１２００万円が上限になります。

つまり、新しいＮＩＳＡで１８００万円満額の投資をするためには、つみたて投資枠で１８００万円まで使い切るか、成長投資枠を上限１２００万円まで利用し、残り６００万円はつみたて投資枠を利用するしかありません。

このような制限があるものの、それでも**元本１８００万円まで投資した分から生じた運用収益が非課税になるのは大きい**と思います。新しいＮＩＳＡのスタートを機に、株式投資に興味を持つ個人が増えれば、株価にとってはポジティブな材料になるはずです。

なお、この効果は早ければ早いほど、長く継続すればするほど、複利効果（運用で得た利益を再投資することで、利益が利益を生んで雪だるま式にお金が膨らむこと）もあり、成果は大きいといえます。デフレマインドの希薄な若い世代には「元本割れが怖い」という先入観もなく、株式投資に取り組むことは極めて合理的で、当たり前の選択になるでしょう。

金融所得課税の強化で注目される、株式投資

新しいＮＩＳＡのスタートに際しては、ひとつ気になる点があります。気になることではありますが、これが実際に行われれば、ますます株式市場にとってはポジティブな要素になるだろうと期待もしています。

それは、**金融所得課税が強化されること**です。

現在、預貯金の利息にかかる税率は、20・315％です。あるいは投資信託の値上がり益や分配金、特定口座を通じて購入した株式の売却益、配当金への課税も、すべて20・315％になります。

金融所得課税の強化とは、この税率を引き上げることです。最近、岸田政権はさまざまな増税策を矢継ぎ早に打ち出していますから、金融所得課税の強化も例外ではありません。そもそも、岸田内閣がスタートした時、金融所得課税を強化することを匂わせた発言によって株価が急落し、マーケットからの洗礼を受けました。

ただ、今度はちょっと事情が違うかもしれません。なぜなら前述した新しいＮＩＳＡによって、最大１８００万円という非課税枠が認められたからです。

総務省統計局が２０２３年5月12日に公表した家計調査報告の**平均貯蓄額は、２人以上世帯で１９０１万円、中央値は１１６８万円でした。また、２人以上世帯のうち勤労者世帯の平均貯蓄額は１５０８万円で、中央値が９２８万円**です。

勤労者世帯の中央値が９２８万円、２人以上世帯全体の中央値でも１１６８万円ですから、新しいＮＩＳＡの非課税保有限度額に十分納まります。**つまり、金融所得課税を強化するといっても、新しいＮＩＳＡを活用すれば、ほとんどの個人資金を非課税運用できる**わけですから、「金融所得課税の強化で税金をたくさん取られたくないのであれば、新しいＮＩＳＡを活用して投資して下さい」ということになるのです。

誰もが、たくさん税金を取られたくはないでしょう。まだ金融所得課税の強化については、議論の俎上（そじょう）にも上がっていませんが、金融関係者の間では、その可能性は十分にあるという声が、結構聞こえてきます。さらに追い打ちをかけるように直近では、退職所得や通勤交通費への課税強化、という話もでてきているようです。

金融所得課税の強化などの動きが現実性を帯びてきた場合、新しいＮＩＳＡを通じて株式市場にどの程度の資金が入ってくるのか――注目して見ています。

第2章

独自のスタイルを築くまで

母は、全国トップクラスの営業成績を上げた証券セールス

今回、自分の人生で初めて本を書くにあたって、改めてなぜ運用者になろうと思ったのかを考えてみました。

確かに、私の世代だと就職先として、金融業界の人気が高かったのは事実です。社会人になったのは１９９３年ですから、まだ少しバブル経済の余韻が残っていた時期でもあります。

銀行だって、今では信じられないかもしれませんが、都市銀行、つまり今でいうメガバンクが11行もあった時代です。ざっと申し上げると、第一勧業銀行、富士銀行、さくら銀行、住友銀行、あさひ銀行、大和銀行、東京銀行、三菱銀行、北海道拓殖銀行、三和銀行、東海銀行というのがそれです。それが合併や経営破綻によって業界再編が進み、現在のように、みずほフィナンシャルグループ、三井住友フィナンシャルグループ、三菱ＵＦＪフィナンシャル・グループ、りそなホールディングスという４

つの金融持ち株会社になりました。

振り返ってみれば何とも激動の世界に足を踏み入れてしまったと思うのですが、私が就職活動をしていた当時は、とにかく銀行や証券会社、保険会社などの金融業界は、給料が他の業界に比べて圧倒的に高かったのと、何といっても安定しているというイメージが強かったので、金融業界を志す学生が大勢いたのです。

それはともかくとして、こうした金融業界のなかでも、さらに専門性の高い運用の世界に行きたいと考えたのは、やはり親の影響が大きかったのかもしれません。両親とも金融機関で働いていたのですが、特に母親は大手証券会社で外務員をしていて、何度も全国トップクラスの営業成績を上げていました。株式の話が普通に語られるような家だったのです。そのような家庭環境だったからでしょう。何となく大学は理系ではなく文系の、それも経済学部を選びました。

また、モノ作りの分野において、研究・開発や設計、製造などさまざまなセクションがあるのと同じように、金融・経済の分野においても、融資、預金、保険、ディーリングなど、さまざまな部署に分かれていて、それぞれの仕事がどういうものなのかを調べていくうちに、漠然とではありましたが、**アセットマネジメント（個人や事業会社、**

年金基金などから資金を預かって投資資産の運用を行うこと）が面白そうだと思うようになりました。

そこで、資産運用の部署を持っている金融機関を探しました。

証券会社は基本的に投資家の売買を仲介し、株式上場や起債によって企業の資金調達を助けるのがメインの仕事なので、資産運用業にはやや遠いと思いました。

銀行もそうです。**銀行の場合、預金で集めた資金を、企業や一部個人への融資に回して利ざやを取るのがメインの業務**なので、やはり資産運用とは距離があります。

そして、信託銀行と保険会社が残りました。もちろん投資顧問会社などの存在もありましたが、銀行など他の業態と比べて、規模や業務内容に広がりがないように誤解しており、あまりイメージが湧かなかったように記憶しています。恥ずかしながら、学生で、経験がない当時の私の理解はこの程度でした。それでも自分なりに一所懸命に考えて行動した結果ですので、振り返れば納得のいく道であったと思っています。

こうして入社した日本生命ですが、総合職の同期入社は270名を超える人数でした。その前年が380名前後（私の認識）で、私たちの翌年が170名前後と聞いていますから、バブル崩壊の影響を受けて採用人数がどんどん減っていた時期でもあります。日経平均株価も最高値の3万円台を割り込み、入社前年の1992年には、半値以下の1万5000円を下回るなど、2万円以下での推移を余儀なくされていました。

もちろん、入社した時点で自分が運用部に行けるかどうかは、全くわかりません。それに同期総合職のうち、国内株式運用部に配属されるのは、わずか2名という狭き門でした。

保険会社の一般勘定運用で、幅広く基礎を学ぶ

そもそも、「どうして運用者になりたかったのか」と振り返ってみると、子供の頃からゲームが好きだったということはあるのかもしれません。

中学2年生の時、どうしてもゲームで遊びたくて、富士通の「FM-7」というパソコンを買いました。その当時、パソコンは非常に高価な道具で、NECの主力機になると30万円ほどしたものです。しかも、当時はゲームソフトが磁気テープに記録されていたので、遊ぶためには30分くらい読み込ませる必要がありました。

ゲームの面白さは、自分で仮説を立て、理論構築して結果を予測することにあります。これは、運用者の仕事にも一脈通じるものがあります。その意味では、趣味が高じて今の仕事につながっている面は、かなり大きくあるような気がします。

さて、前述したように、非常に狭き門ではありましたが、幸運にも第一希望であった運用部のひとつ――**株式部に配属**されました。

生命保険会社の運用には、**商品により、主に「一般勘定」と「特別勘定」の2つのスタイル**があります。

「一般勘定」は、個人の保険商品や企業年金などを合同して一つの勘定で運用し、一定の利回りが保証されます。「特別勘定」は、個別の契約ごとに分離して管理され、その運用実績が直接保険金などに反映されます。

当時の株式部は、**一般勘定運用の日本株運用管理**を担当していました。一般勘定業績や株価動向などの調査・分析を行い、投資判断を実施する部門です。生命保険は運用成果にかかわらず、約束した利回りを長期で保証するわけですから、生命保険会社が自らリスクを負って自己判断で行う運用です。その分、成果が自社の損益に直結してしまう厳しさを持っています（一方の「特別勘定」も、運用成果がプラスもマイナスも顧客に反映され、ベンチマークや競合他社との競争に晒されるなどそれはそれで厳しい世界ですが）。

こうした長期のリスクを勘案し、貸出、国内外の債券・株式投資での運用はもちろん、会社としての総合的な収益を高めるため、さまざまな取組みも実施していました。そのうちの一つが「政策投資」です。

保険契約の獲得、事業面・営業面での提携や協力関係など、長期的に安定した収益寄与が見込める事業会社に対して、長期的にその事業会社の株式を保有するものです。よく一般勘定運用は「どんぶり勘定」と揶揄されることもありますが、長期の利率保証リスクを考えると、会社全体として総合的な収益力の向上と、多様化の効果があるものといえるでしょう。

株式部では、有望な企業を見出して株式投資をする一方で、この政策投資の側面があったことで、さまざまな業種や規模の企業を調査・分析する機会に恵まれたともいえます。これは、私にとって非常に貴重な成長の機会になりました。例えば業績不振であったり負債比率が高い企業への増資引受案件において、その後の業績回復や新規投資のポテンシャルを検討するなど、その「見方」が培われました。**評価が低い企業の株価が、その後大きく上昇したりするなどという経験が、私のあまのじゃくな性格と相まって、「人と違った見方やアプローチ」の基礎を形作った**と言えそうです。

また、当時株式部にいた諸先輩方はかなりの個性派揃いでした。プログラミングやＭａｃを独自に（勝手に?）業務に導入・活用していて、ワープロ文化で横並び気質の社内において、とても先進的で合理的・スマートな集団だったと思います。私も当時まだほとんど普及していなかったエクセルなど表計算ソフトや、マックドロー（PC上で文章やグラフなどを統合して文書作成が可能なドローソフト）を興味津々に使いました。そういえば、ほとんどの同僚が使っていたワープロを私は買わずに、Ｍａｃを大枚叩い て何台も買い替えたものです。「働き方」も当時の会社全体の風潮からは考えられないほど合理的で、残業もとても少なく、私は積極的に定時退社を実践していました。こうした姿勢も自分がいいと思うことを（忖度せず）実践する素地になったと振り返って思います。もちろん、諸先輩方は株価形成や企業評価の理論に精通した経験豊富な方々で、ＯＪＴ（実務を通した教育）に加え勉強会なども熱心に実施してくださり、当初３～４年は証券アナリスト試験に合格するための勉強と、企業リサーチの基本を学ぶことに費やされました。

早耳情報が重宝された時代

当時の企業リサーチ環境は、今と全く異なります。これはもう、インターネットという通信インフラの有無による部分が非常に大きいとしか言いようがないでしょう。

当然、レポートを書くためにはさまざまな資料が必要です。これがまた一苦労で、インターネットがないので、簡単にデータを当たることができないのです。今では個別企業のＩＲ（企業が投資家に向けて財務状況など投資判断に必要な情報を広報する活動）サイトに行くと、有価証券報告書をはじめとするディスクロージャー（業務内容の開示）を入手できますが、当時はＩＲという概念や体制が十分ではなかったので、わざわざ東京証券取引所まで閲覧しに行かなければなりませんでした。

あるいは、大手証券会社が作成しているレポートを入手できると、後生大事に書庫に保管したり、さまざまな業界紙を読み込んで、気になる記事をスクラップしたりしていました。業界の統計についても、数値が記載してある月報誌のデータを前出のＭａｃのエクセルにテンキーで連打してグラフを作ったりしていたものです。今でもテンキーでの数値入力のスピードと正確性にはちょっとした自信があるぐらいです。

それを考えると、今は企業情報を集めるにしても何にしても、本当に恵まれた環境にあります。株主総会やアナリスト説明会で経営者が話した内容を映像で見られるようにしている企業もありますし、有価証券報告書や決算短信などのディスクロージャーも、企業が発表したのと同時に入手できます。

その意味では、機関投資家も個人投資家も、入手できる情報の質という点において、

ほとんど差がなくなってきています。

また、情報の質だけでなく、情報の量が飛躍的に増えて、かつそれが物凄いスピードでどんどん流れてきますから、情報との接し方も大きく変わってきた感を受けます。今となっては牧歌的といえることもあったように思います。業界の裏話のようなものが一部に流れたり、企業の情報発信の内容やタイミングにも濃淡（一部の人にしか伝えないなど）が出たりして、案外、株価に影響したケースもあったのではないかと思います。もちろん今も一見、裏話的なものはありますが、企業は法令上の重要情報はもとより、一般的な企業活動に関する情報発信は公正、公平に行っていて、それらはすべてインターネットに上がってきます。たとえ裏話であったとしも、SNSなどを通じてあっという間に周知の事実になってしまうのです。

この違いは、投資をする際の情報収集と分析に、大きな変化を及ぼしました。昔は、早耳情報で儲かる銘柄を探せたこともあったと聞いていますが、**今は早耳情報など何の価値もありません。その代わり、誰でも入手できる情報を、人とは違った角度で見て将来予測につなげる、インテリジェンスの能力が求められるようになった**のです。

そもそも当時の保険会社が行っている株式投資は、リサーチそのものがままなりませんでした。近年のアセットマネジメント会社でのファンドマネジャーとしてのリサーチ活動には高い自由度がありますが、当時は「投資運用における企業取材」そのものの認知度や市民権がまだまだ低いうえに、取材側である保険会社も企業側も、投資リサーチの位置付けが確立しておらず、思ったような活動ができませんでした。

はっきり記憶してはいませんが、企業取材をするにあたっても自社内の法人部門に了承・確認を取る必要があるなどがその事例です。そもそも保険会社は大株主だから、投資先企業の経営者が決算後の報告に表敬訪問にくることもしばしばで、そのような場ではなかなか実効的なやり取りは難しいものでした。情報の量や質はもとより、最近では個人投資家でも企業のＩＲ部門に問い合わせることができたり、事業説明会に参加できたりと、情報取得の場も充実してきていて隔世の感があります。

年金運用へ

アウトパフォームを求められる

1998年、初めての異動で年金運用部に配属されました。これは特別勘定といって、保険会社自身の資産とは違って、お客様のお金を運用する部門です。お客様とは、多くの企業が厚生年金に上乗せして年金を支払うために運営している、企業年金のことです。ここでは、シビアに「運用成績」を要求されます。**ベンチマークに対してどれだけアウトパフォーム（運用成績がベンチマークを上回ること）できるのか、それと同時に競合他社との同じ資産クラス運用に対して、自分たちのファンドがどれだけ高いリターンを上げているか、**ということです。

ちょうどこの時期――1998、99年ごろは、円高不況や金融危機を経た後のITバブルが進展する過程にありました。**ソニー、ソフトバンク、ヤフー、松下電器（現パナソニック）**などの電気・通信関連企業や、**信越化学工業、本田技研工業**などの国際優良銘柄が注目されたのです。

保険会社では当時、一般勘定から特別勘定に資金が移管される流れがあり、特別勘定には、毎日のように数十億円単位で、資金がどんどん流れ込んできました。細かい説明は省きますが、その資金はフルインベストメントといって基本的に日本株を買う資金として移管されてきているため、とにかくその時のポートフォリオを構成している銘柄を買うしかありません。この時期、日経平均株価は、1998年10月8日に1万2987円の安値をつけた後、2000年4月12日には2万833円まで上昇しましたが、その一因として、こうした保険会社の特別勘定による買いもあったと考えられます。

こうして私は、年金運用を通して、アクティブ運用に携わることができるようになりました。

銘柄選択の独自性

「100円ショップの大ちゃん」と呼ばれて

2000年、ニッセイアセットマネジメントへ出向しました。

かつて投資信託・顧問会社といえば証券会社系列が中心でしたが、1990年代の半ばくらいから、銀行系や保険会社系の投資信託・顧問会社が増えていったのです。私も系列投資信託・顧問会社であるニッセイアセットマネジメントに部門ごと出向することになりました。

そしてこの時期に得た経験が、私の投資スタイルを決定付けてくれたように思います。自分が主体的に運用できるファンドを任されたのです。

そこで私が意識したのは、**「独自の目線――正統派の運用には加味されていない、あるいは正統派にはできない考えを組み込んだ運用」**でした。

世界中から一流の人間が集まる金融の世界で、正統派の運用スタイルを持ったファンドマネジャーは大勢います。正統派というのは、いわゆる**「良い企業」を探して投資し、出来るだけ長期で保有する**というスタイルです。

良い企業に共通する点は、非常に参入障壁の高い製品・サービスを持っており、価格支配権を握っていて、業績が長期にわたって右肩上がりで伸びていることです。申し分のない、ピカピカの企業です。そういう企業に投資して、あとはその株式をひたすら長期間、保有し続けます。

なにしろ高い市場シェア、収益率、参入障壁を持っていますから、その製品・サービスに競合他社が入ってきて、値下げ競争になることを避けられます。景気の変動に影響されることも少ない上、むしろ景気悪化の局面においては、厳しい環境で撤退したり投資ができず競争力を失っていく競合他社と比べ、優位性をさらに高めて一層強い会社に進化したりもします。そして、業績は長期的に成長を続けます。業績が伸び、企業価値全般が向上すれば、株価も自然のうちに値上がりしていきます。そういう会社に投資して、途中で売却することなく持ち続け、高いリターンを享受する。これが、私がイメージする正統派の運用哲学です。

一方、私はというと、**世の中は常に循環していて、良い時と悪い時がある。また一方が悪くなると相対的に優位に立つ会社、業種が必ずあるという、「循環」と「相対」の考え方をベースにしています。市場のコンセンサス（同意）とは違った目線、逆のものに投資するスタンス**でした。しばしばコンセンサスと「まるっきり逆」ということもあり、そこに何かしらの可能性と、投資チャンスがあると感じられる時ほどワクワクして興奮できる自分がいます。これは今も変わっていません。

たとえば業績なんて、滅茶苦茶に悪くてもよいのです。現時点の業績が最悪だと、株価は物凄く大きく下げています。でも、たとえば赤字だったところが黒字に転換するとか、これまで配当を出せなかったところが出せるようになったとか、大きな変化が生じた時、株価は大きく上昇します。つまり**変化率の大きさに着目**するのです。

ニッセイアセットマネジメントに在籍していた2001年当時は、**株価が100円以下の銘柄をたくさん保有していた**くらいです。

株価が100円以下とは、株式市場から「ダメ会社」のレッテルを貼られたことを意味します。それがさらに下落して50円を割り込むと、「倒産株価」などと言われます。50円とは、多くの企業が発行している株式の額面価格のことです。額面価格すら割り込んだということは、もはやその企業には何の価値もなく、いよいよ倒産に向けてカウントダウンが始まったとみなされます。

そんな会社の株式をたくさん持っていたものですから、当時の同僚は私に、**「今日も100円ショップ開店ですか?」と聞いてきたものです**（**私は「安いよ、安いよ～お買い得だよ～。これから上がるから、もうこんな値段で買えなくなるよ～」などと毒づいていました**）。

でも、実はこういう企業のなかに、お宝が眠っていたりします。

2001年といえば、ITバブルが崩壊して、株価が下落の一途をたどっていた時期です。日経平均株価は、**2000年4月12日に2万833円まで上昇したところでITバブルが崩壊し、2003年に7607円まで値下がりする途中**でした。当時はゼネコンの**青木建設**が民事再生法を申請したり、**ダイエー**が事実上の経営破綻に追い込まれたりするなど、景気はどん底の状態でした。

ただ、そうしたなかで中国をはじめとする新興国が成長を加速し始めており、非鉄金属などコモディティ（資源・エネルギー・食糧など）の価格が反転上昇しそうな雰囲気が、そこはかとなく高まりつつありました。

そこで、**新興国の成長を背景としたコモディティの上昇**にキャッチアップできるような企業を探したのです。そして実際に探してみると、多くの企業は**市場のコンセンサスが得られておらず、株価が割安に放置されているものばかり**でした。

一定のリターンを得られたことは大きいですが、それ以上に、他の運用スタイルやファンドと「違う」リターンの要素、考え方、独自性を提供できた意義はとても大きいといえるでしょう。運用の委託者（我々のお客様）にとっては、リターンそのものに加えて、分散効果など、さまざまな付加価値につながるためです（委託者は、日本株など同じカテゴリーの資産においても、複数の運用機関に振り分けて資金を預けたりします。1カ所だけ、あるいはグロースとか中小型とか、同じスタイルで同じ傾向の成果が出るところにまとめて委託すると、市場環境によっては成果が偏り、運用上の問題になったりするためです）。

私が担当させてもらえたファンドは「積極運用」を志向し、「独自の目線を組み込んだ」スタンスで運用を行うことができたので、そのことが社内外で認知されるようになりました。

JPモルガン・アセット・マネジメントへ

「尖った」人たちの巣窟

そうこうしているうちに、企画総務部に異動させられることになりました。2004年のことです。

さらにそこから経済団体連合会の外郭団体にあたる、経済広報センターに出向することになりました。経団連に属している企業ですから、それこそTOPIX100というような、日本を代表する大手企業で構成された株価インデックスに採用されているような企業の、若手中堅社員が出向してきていました。そこで各業界団体のサポートや広報活動、業界イベントの企画運営などに携わりました。

もともと**「人間万事塞翁が馬」**、つまり「世の中の幸・不幸は予測しがたいもので、簡単に一喜一憂する必要はない。一見不幸せに思ったことが幸せに転じたり、その逆もある」という言葉が好きなので、運用の現場から外れたことを根に持ったりはしないのですが、ただ、一時的に現場から外れたことで、本当に自分がやりたいことは何なのかがわかったような気がします。

やはり、運用が好きだということです。

とはいえ、いきなり運用に戻りたいなどといっても、保険会社は巨大組織ですから、そう簡単に本人の異動希望を認めてはくれません。そうなると、残る選択肢は転職です。そこで、日本生命、ニッセイアセットマネジメント時代を通じてお世話になったセルサイド（証券会社）の中でも特に私のキャラクターをご存知で評価してくれていた複数の方々に、もし会社を変わるとしたら、どの運用会社がいいだろうかと相談してみました。

その時、皆の口に上ったのが、**ＪＰモルガン・フレミング・アセット・マネジメント（現ＪＰモルガン・アセット・マネジメント）という投資信託の運用会社**でした。この会社を勧めてくれた理由は、「**非常に尖った運用担当者が多いから**」というものでした。前身は香港が本拠地のジャーディン・フレミングという投資銀行なのですが、１９９８

年から2000年にかけてのIT相場の時、このジャーディン・フレミングの運用成績が非常に高く、優れたファンドマネジャーが多数活躍していると業界の話題になっていました（例えば、独立系資産運用会社の草分け、レオス・キャピタルワークスを創業した藤野英人さんもその一人です）。その空気は今も健在で、転職時に同僚から「うちは動物園みたいなものだから（奔放な運用担当者が多い）」といわれたことを、鮮明に覚えています。

こうして2005年6月、国内株式のアクティブファンドマネジャーとして、この会社に転職することになったのです。

そして**2006年、「JPMザ・ジャパン」の運用担当者に就任**しました。以来、2023年3月末まで17年にわたり、このファンドの運用を行ってきました。かなり、尖った運用を行ってきたと思います。

途中、パフォーマンスが好調に推移し、ファンドアワードを数多く受賞しました（著者在籍時の最新の受賞は「R&Iファンド大賞2022年 投資信託20年部門 国内株式グロース 最優秀賞」）。大手販売会社を中心に大きく資金流入があったり、運用資産が急増した後に急減して資金流出が続いたりしたこともありました。しかし、この17年間の運用成績は、東証株価指数との比較においても、また内容の独自性においても、自分なりに納得し評価できるものでした。

ちなみにＪＰモルガン・アセット・マネジメントは、世界有数のグローバル総合金融サービス会社である「ＪＰモルガン・チェース・アンド・カンパニー」のグループ会社です。ＪＰモルガンと日本の関係は古く、戦前にまで遡ることができます。関東大震災の翌年に日本政府が発行した震災復興公債を、同社が引き受けたのです。また先述のＪＰモルガン・アセット・マネジメントの前身であるジャーディン・フレミングは、早くに日本市場の成長性に着目し、１９６０年代後半には日本株の運用をスタートしています。日本株との縁は、実に50年以上にもわたる会社なのです。

次章から、この運用経験も踏まえたうえで、株式投資の思考法について解説していきたいと思います。

第3章

尖った投資法

「良い企業」に投資すれば良いのだろうか

前章で述べたように、株式のアクティブ運用は、「良い企業に投資してずっと保有し続ける」というスタイルが主流です。

確かに、それは間違っていませんし、株式投資のスタイルとしては王道といってもよいでしょう。**信越化学工業、キーエンス、ニデック**（**旧日本電産**）など、株式市場全体が長年にわたって低迷し続けた日本にも、世界的に通用する技術を持った、それこそ「余人をもって代えがたし」というような企業がたくさんあります。

このような企業は、極めて高い技術力、高度に効率化された業務のオペレーションなどによって、高い収益力と、他の企業が容易に参入しにくいという強みを持っています。

かつ、提供している製品・サービスの価格決定権を持っています。つまり自分が価格を決められるのです。

別の言い方をすると、値引き競争に巻き込まれる心配がありません。したがって、景気の良し悪しに関係なく、常に一定の利益幅を得ることができます。まさに最強の存在です。よほどのことがない限り、その企業の事業は着実に成長していきますし、そういう企業をしっかり選んで投資すれば、株価はその成長を織り込んで、着実に値上がりしていきます。

こういう企業の株式に投資するのが、アクティブ運用の王道です。そして、この手の企業の株式をファンドに組み入れたら、ずっと保有し続けます。良い企業が良い企業であり続ける限りは、売却する必要性はどこにもありません。確かにその通りなのです。

その通りではあるのですが、それはそれである程度似通った組み入れ銘柄になりがちとも言え、その帰結としてパフォーマンスの出方も同じ傾向となるでしょう。年金基金など委託者側からみると、いくつかのアクティブファンドに分散しても結果はそれほど変わらないというケースも考えられ、不確実性の高い世界情勢においては、他のファンド・運用とは違うエッセンスを提供できることが、付加価値の一つになると思うのです。ということで、**私は独自性の高い、超過リターンの実現を目指した運用**

スタイルを取ります。

前述のとおり、ベンチマーク運用においては、日経平均株価や東証株価指数といった株価インデックスを基準値として、運用成績の良し悪しを判断します。つまり、東証株価指数が1年間で10％値上がりした時、ファンドの運用成績が11％であれば合格点ですが、9％だとダメ、ということになります。

また、ベンチマークが1年間で10％値下がりした時は、ファンドの運用成績がマイナスでも、マイナス幅が10％未満であれば良い成績と評価されます。

ベンチマークが設定されたアクティブ運用のファンドは、このように常にベンチマークとの戦いを強いられるのと同時に、同じベンチマークを設定している、他のファンドとの成績も競わなければなりません。**他のファンドとの運用競争を勝つためには、一工夫が必要になります。**

良い企業の株式に投資するのは、まさに王道中の王道なのですが、皆がそれを目指すと、一歩、抜きん出るのが難しくなります。パフォーマンスや商品性で優位性を持ち、独自の付加価値を提供する――。そのためには、深き土台に根差した独自の要素・考え方を、中長期的に、しかも一貫して提供できるファンドでなければなりません。それらを支える運用会社、担当ファンドマネジャーと、すべてが揃っていなければならないのです。

「伸びしろ企業」が変わる期待と、衝撃

「良い企業ではないとしたら、悪い企業に投資するのか」と言われそうですが、誤解を恐れずにお答えすると、その通りです。

良い企業は着実に成長していきます。創業からある程度の年数が経つと、売上や利益、そして企業規模が大きくなりながら、さらに事業規模が拡大していきます。ただ、企業規模がある程度のところまで成長すると、当たり前のことですが、年20%、30%という成長率の達成は難しくなります。仮に、その事業の成長率が年5%だとしましょう。いきなり倒産するリスクは極めて低く、株価は高い水準で安定的に推移し

ています。

確かに、この手の企業の株式を持ち続ければ、株価は最低でも年5%ずつ上昇する可能性があります。極めて堅実賢明な投資スタンスです。

では、もう一方で「悪い企業」があるとしましょう。と言っても「悪い企業」という表現があまり好きではないので、「伸びしろ企業」といいましょうか。たとえばこういうイメージです。

「事業参入している領域に成長の余地がほぼなく、経営陣は改革の気勢に乏しく、それが社員にも伝わるのか、モチベーションも低い。数字を見ても、売上や利益率の改善は見られず、このまま永遠に変化しないのではないか、というような企業」を思い浮かべてください。

ところが、そのような「伸びしろ企業」でも、経営者が交代して、ガラリと会社が変わったりします。経営者の交代以外にも、たとえば大株主が変わるとか、人事評価制度を変えたことで社員のモチベーションが上がったとか、オフィス環境を見直したとか、世代交代が生じたとか、**さまざまな要因で、「伸びしろ企業」が良い企業に生まれ変わるケースもある**のです。

もちろん、一夜でガラリと変わるようなケースは稀かと思いますが、岩盤規制（役所や業界団体などが改革に反対して緩和や撤廃が容易にできない規制）よろしく、それまで全く変化がなかった会社が一部でも変わり始めると、徐々にではあっても利益率が改善されたり、初めはゆっくりでも成功体験が拡散して改善が加速するなど、いろいろなパターンがあるように思います。株価は、その業績の変化、あるいは市場の期待値を通じて、「良い会社」を大きく上回るほどの、「株価変化」を示すことがあります。

たとえば鉄道、製鉄、非鉄金属、造船など、特に日本の高度経済成長期を支え、過去の成功体験に囚われ続けているような業種の企業で世代交代が起こると、会社が一気に変わる可能性があります。日本の古い企業でも、40代、50代が経営トップやマネジメント職に就くなど、会社を牽引しているところが徐々に増えてきました。

また、**技術開発の結果、全く違う会社になるというケース**もあります。

たとえば、もともとは合成ゴムを製造していた会社が、合成ゴムの副産物で液晶フィルムの製造に成功したことから、ファインケミカルの企業に大転換を果たしたケースなどです。

このように、**会社が大きく変わると、株価は強く反応**します。仮に世代交代や経営者交代、あるいは技術開発によって企業価値が5割も改善されたら、株価も相応に跳ね上がります。

特に日本企業には、世界の資本市場の常識から考えると首を捻らざるを得ない点が、多くありました。株主に対する還元、将来に向けての投資などをほとんど行わず、ただひたすら内部留保を積み上げてきたことなど、典型的な事例といってもよいでしょう。

海外の投資家から見て、決して「まとも」とは言えなかった日本企業が、正常化に向けて動き出したのだとしたら、これはものすごく大きな変化になり、株価も大きく上昇するはずです。つまり、変化の度合いが大きければ大きいほど、株価も大きく上昇するのです。**株価にとって、「利益の変化率」の大きさは命**、といってもよいくらいです。

もう一度言います。良い企業の株式に投資すれば、将来の見通しに大きな乖離は生じず、着実にリターンを取れる可能性が高いでしょう。

しかしながら、その見通しと、それに基づく「確実性の高い」リターンは、その多くの部分を多くの人によって評価され、既に株価に織り込まれているものでもあります。特にこれまでの日本株市場では、ガバナンスの効いた欧米市場と比べると、「良い企業」は全体の一部に過ぎません。その分、投資家から選別保有される度合いも高まり、株価評価に関しても、プレミアムがより高く付与される傾向があります（株価が割高に評価される）。すでに割高に評価されているとすれば、今後の株価上昇余地が限られる上、マクロ環境や個別の事由で業績見通しなどが下方に修正されたりする場合には、下落余地が大きくなるリスクがあるのです。

現状があまり良くない企業だったとしても、何かのきっかけで大きく変わる可能性を持っているのだとしたら、利益の変化率の大きさという点で、はるかに大きなリターンが得られる可能性があるわけです。株式に投資して利益を狙うのであれば、**利益の変化率にこそ着目するべき**なのです。

ＰＥＲ（株価収益率）やＰＢＲ、ＲＯＥといった株価指標の数字も大事です。それらも見ながら、「独自の付加価値、他と違う運用テイストに基づく存在意義」を志向する職業投資家の私にとって、投資先を選ぶうえで重要な要素のひとつが、**変化率**なのです。

もうひとつ、私が投資先企業を選ぶ際に重視していることがあります。それは**「認識ギャップ」**です。

認識ギャップは、大きければ大きいほど良いと考えています。「認識ギャップ」などというと、なんだか難しいように聞こえるかもしれませんが、要するに「意外感」が非常に大きいかどうかということです。

多くの人にとって、想像もできないことが現実化した時、投資家は慌てて買いに動きます。認識ギャップが大きければ大きいほど、この傾向は一段と強まります。結果、株価が大きく水準訂正されるのです。

「JPMザ・ジャパン」時代の、型にはまらない銘柄探し

私が、かつて運用していたJPモルガン・アセット・マネジメントの日本株ファンド「JPMザ・ジャパン」は、極めて自由度の高い運用を行っていました。運用していた17年間を振り返っても、組入銘柄の大半が小型株ばかりになったこともありますし、組入比率の上位に大型株ばかりがずらりと並んだこともありました。

それは「大型の優良企業」とか「成長性の高い中小型株」、あるいは「割安株」というように、投資対象を限定し、その中から投資対象を選ぶという、一般的なアクティブ運用のファンドには見られないことです。

このように、自由度が非常に高い投資を行えたのは、銘柄の選別基準として変化率の高さと認識ギャップの大きさにこだわったからだと考えています。それを実現するために、「循環と相対」に目を向け、過去の歴史を調べ、さまざまな投資アイデアを練っ

て、独自の、いわばアンチコンセンサスな投資も行ってきました。

つまり、特定の型にはまらない銘柄選びを行ってきました。

実際、どのような投資を行ってきたのか、具体的な銘柄をいくつか挙げて説明したいと思います（図9）。

①2007年頃まで　中国の「資源爆買い」相場

「JPMザ・ジャパン」を引き継いだ2006年は、中国など新興国の急成長が目覚ましい時期でした。サイクル的な観点で言うと、2000年前後でピークを打ったITバブル・米国株上昇に代わって、WTOの加盟も相まってグローバル資本市場で存在感を高めていた中国や、いわゆるBRICs諸国が、資源エネルギーなどコモディティ(資源・エネルギー・食糧など)、あるいは設備投資の増加を牽引し、世界経済の主役となっていました。米国、先進国、情報通信テクノロジーから、途上国・資源エネルギー・重厚長大設備産業にサイクルが移り変わった、2000年代だったのです。

そこで、1990年代には業績も株価も全く見るべきところがなかったような**海運、商社、建設機械、非鉄金属などの業種**を、2006、7年にはたくさん保有しました。中でも**三井松島産業**という一般炭と言われる石炭の採掘権利を持つ中小型株に投資をしました。**この1社で、ファンド全体で3~5%と思い切った投資をしましたが、その後大きく上昇し、一時ファンドの10%を超えるほどのポジションにまでなりました。**

図9 サイクルと主な世相——
資源・エネルギー（コモディティ）、IT・テクノロジーを例に

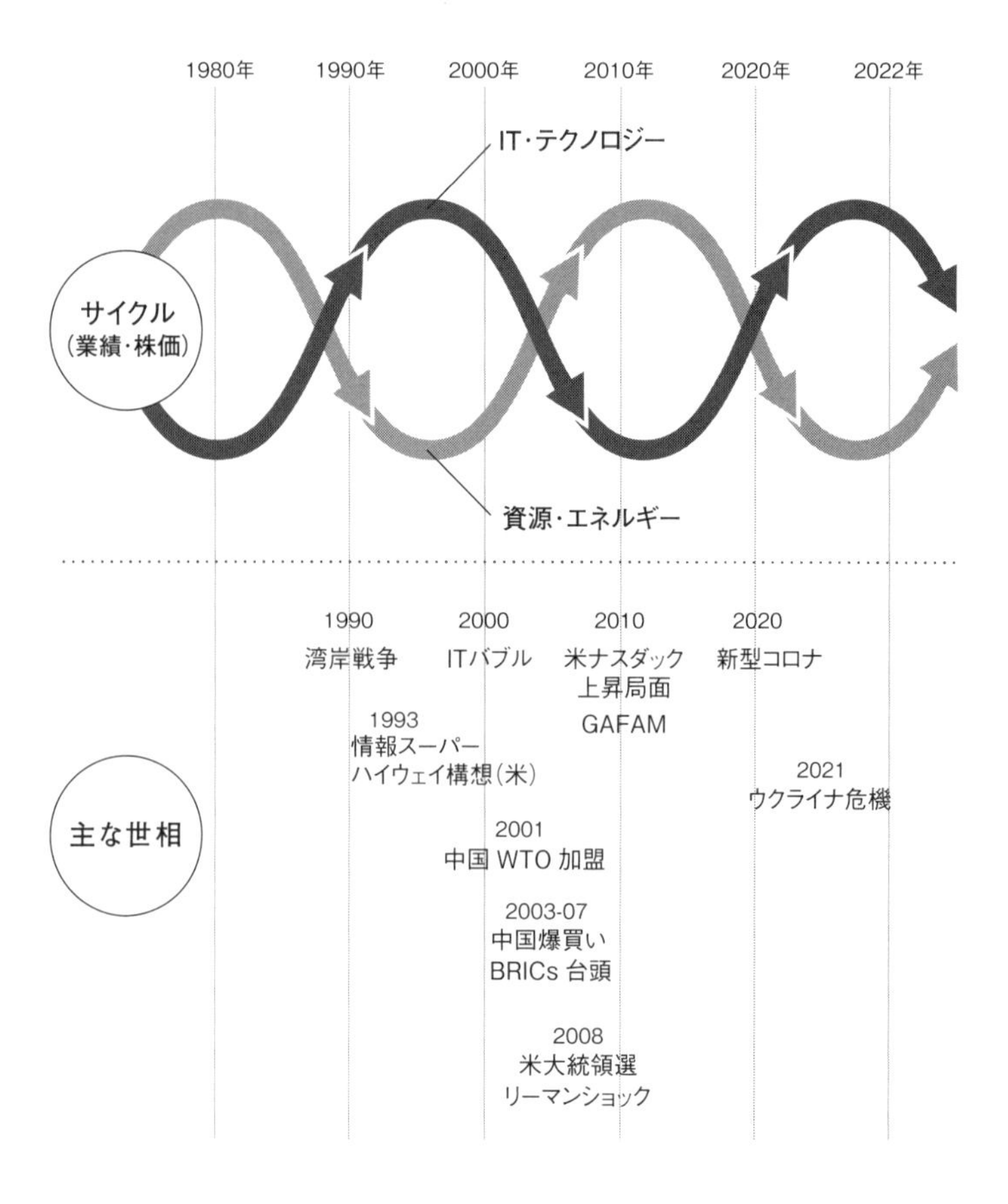

「歴史サイクル」から現状を認識し、今後の予測を組み立てる

②リーマンショック前夜　バブル崩壊後は中小型株が面白い

次の課題は、この「コモディティ相場がまたサイクルピークをつけて、次の流れに移り変わる」ということです。このサイクル変化は、**石油権益で潤うテキサス州が地盤の、共和党・ブッシュ大統領が2009年初頭に任期を迎え、米国大統領が交代するタイミングが重要**だと推測していました。原油価格も10ドル台から100ドルを超えるところまで上昇し、周りを見れば皆、同じように新興国を組み入れた銘柄の投資信託が目立つようになっていました。

そこで私が「面白い」と目を付けたのは、2006年1月、ライブドアショック（1月16日に証券取引法違反容疑で東京地検特捜部がライブドアを家宅捜査。これを受け翌日から始まった「株式市場の暴落」のこと）以来、**3年ほど冴えない状況が続いていた中小型株**でした。中小型株も過去3年程度の上昇下落サイクルがあり、ちょうど大きなピークを打った2006年から2年超が経ってきていました。この間、株価は不調ながらも成長が続いていた**ITインターネットの中小型成長企業や、もともと市場の関心が低かった小売ディスカウンター**（ディスカウントストア）**や建設関連など**が印象に残っています。**元祖SNSのMIXIや、ソーシャルゲーム黎明期のDeNA、自転車販売のあさひ、ディスカウントスーパーの大黒天物産、太平電業などが、プラスへの寄与が大きかった**と思い出されます。

③創業者経営だったサンリオの、大いなる決断

個別で非常に印象に残っているのは、ハローキティでお馴染みの**サンリオ**です。**評価されていない会社が変身するという象徴的なケース**だからです。

私は個人的になぜかハローキティが好きで、以前、乳酸菌飲料のヤクルトを年間契約をするとハローキティの人形がもらえたので、それを目当てにヤクルトを飲んでいたほどです。サンリオはハローキティをはじめとしたキャラクタービジネスを世界で展開していますが、メーカーとして直販と物販にこだわりを強く持っていて、収益の安定性や利益率の確保に長年、課題を抱えていました。そのこだわりこそ創業者がもっとも重視していたものに見えていました。

ところが2010年、その**サンリオが創業一族の経営から一歩踏み出し、外部から**

経営者を招き入れるというではありませんか！　そうです、これこそ変化率マニアの大好物です！

早速、取材の機会を持ちました。ハローキティの強力な商品性を世界で売り込むというシナリオで、その実現のため**自前での企画・製造・販売から脱却し、ライセンスビジネスに注力する**というものでした。確かにうまくオペレーションができれば、設備投資や販売網の強化など伴わず、利益率が高い事業展開が比較的短期間で可能であろうとの感触を受けました。その時点ではまだ具体的な成果はみえていない状況でしたが、その後の決算や取材を通してライセンスビジネスが軌道に乗り始めたとわかった時点で、積極的な投資ができました。

転換点をうまくとらえて投資が実現できた一例です。

④パンデミック　DX、エンターテインメントに着目

なお直近の事例としては、**新型コロナのパンデミックの中で、DXへの投資を行っ**

ていました。これは別に、これらのキーワードが流行っていたからではありません。2010年代は、期を通じてデジタル化・テクノロジーの進化を背景に急成長を遂げる企業が多く、反対に重厚長大産業や金融業は需要が伸びない時代でした。同時に金利水準が低下傾向にあったので、一部の成長性の高い企業への評価（株価）が相対的に高まりやすい市場環境でした。そこで、**ＩＴやＤＸ、あるいはエンターテインメントや、ヘルスケア関連へのニーズが高まる**と考えていました。その後、パンデミックによる混乱が生じ、投資した銘柄の株価は下がったものの、そのままの投資戦略を継続し、むしろ株価が下落した局面でＩＴやＤＸ関連を積み増したことで、その後の戻り相場で大きな投資リターンにつなげることができました。

ＤＸ関連では**ソフトウェアの不具合のテストや検証を行うＳＨＩＦＴや、ＩＣパッケージ基板大手のイビデン、「クラウドサイン」という電子契約サービスを手掛ける弁護士ドットコム、半導体関連製造装置のローツェ、巣ごもり消費関連ならびにリデュース・リユース関連のメルカリなどが、運用成績に貢献しました。**

この頃、**東京都競馬を組み入れ比率上位で保有**していました。これも自由な発想で銘柄を選ぶ「ＪＰＭザ・ジャパン」ならではの銘柄選択だったと思います。「良い企業」

ばかりを選んで組み入れる王道系のアクティブファンドでは、なかなか投資しない企業かもしれません。

なぜ東京都競馬に投資したのかというと、きっかけはかれこれ10年前に遡ります。同社が本社を構える大井競馬場が、リニア新幹線が通る予定の品川、羽田、その他の湾岸地区の中心にあり、再開発に伴う不動産価格の上昇なども期待できたからです。また全国の地方競馬が過去10年間で2ケタの伸びになっていましたし、どこにいても全国の地方競馬の馬券を購入できる「ＳＰＡＴ４」というシステムが堅調だったこともあり、２０１３年あたりから投資し始めました。

とはいえ残念なことに東京都競馬は、保有期間全体を通じては有意な成果上げられませんでした。保有期間を通じて、業績そのものは市場が織り込んでいない好調さが続いて右肩上がりであったものの、株式市場では東京都が大株主であることから、いわゆるガバナンス面での評価が高まらず、株価は相対的には冴えないままでした。

しかし、皮肉にも（？）私の最終出社日に、定評のあるアクティビスト（物言う株主）が大株主に登場しガバナンス改革を予感させたことで、株価が大幅に上昇しました（２０２３年３月31日の東京株式市場で東京都競馬株が急騰し、一時前日比５３５円・15％高の

4070円と約5カ月ぶりの高値をつけた。アクティビストとして知られる香港の投資ファンドであるオアシス・マネジメントの8％超の株式保有が明らかになり、思惑買いが集まった／2023年4月1日日経新聞より抜粋編集）。

変化のポテンシャルとして「見立て」は正しかったのではないかと溜飲を下げる部分もある一方、成果に繋げられなかったのは残念無念で、寂しくも複雑な気分になったものです。

そうです、**うまくいかないことも日常茶飯事**で、この取り組み手法は必勝法的なものでないことはいうまでもありません。

あまのじゃくな、銘柄の選び方

「あまのじゃく」ともいえる、銘柄の選び方を紹介しておきましょう。むしろ、私自身の銘柄選択は、これが普通かも知れません。

例えば、「PBRが1倍を大きく割り込んでいて、利益率が3％足らず。ROEが3％程度。そして役員名簿を見ると男性役員だらけ。もっと言うと、ひたすら内部留保を貯め込んでいてキャッシュリッチ」。このように並べた要素を見ると、まるで時代にマッチしない、なんとも株価評価は高まりそうもない企業のようですが、ここに実は大きな投資チャンスがあります。

こういうところに、旧村上ファンドのようなアクティビスト（物言う株主）が入っていくと、強制的に企業改革を進められます。リストラによって利益率が改善し、ROEが8％以上になり、女性の役員比率が3割以上になり、配当性向も大きく引き上げられるという具合になります。こうなると、株価は黙っていても大きく上昇します。

要するに、これらの**悪条件を満たす企業にも、「逆転の発想」で網を張っておく**のです。そして、具体的にアクティビストが動き出したというニュースが出てきたら、実際にその企業が変革するのかどうかを観察します。あるいは、こうした企業は事業自体が古い産業、変化のない事業、既得権益で固められ成長も鈍化もない業界だったりするケースも多いのですが、**新しいアプリケーションが出てきたり、何か大きな業界変化が起きて業績見通しが変わってくると、株価の変化が何倍にもなったりします。**

金利が上昇傾向に転じた最近の地方銀行株、ＥＳＧや地政学リスクの顕在化で、エネルギープラントの需要見通しが１８０度変わった資源エネルギーや鉄鋼、重工系企業などが好例と言えるでしょう。

これは別の章で触れますが、ニュースが出てきたからといって即座に飛びつく必要はありません。企業改革を打ち出してから、実際に企業価値の向上に結び付けるまでには、それ相応の時間を必要とします。もちろん途中で頓挫することだって起こり得ます。なので、全力で買いに行く必要はありません。投資するにしても、動かせる資金のごく一部で購入することをお勧めします。

これはあくまでも個人的な見解ですが、自分の好きなように運用してくださいと言われたら、「時価総額が大きくて、ＲＯＥが高く、ＩＲも非常に充実しており、多くのアナリストから非常に高く評価されている、ＪＰＸプライム１５０指数に採用されているような企業」には、投資しません。

いや、すみません……投資しないわけではなく、間違いなくこれらの企業は株式投資の王道、中核をなす企業なのですが、私の場合はこれらを一定程度ポートフォリオのベースにしながらも、できるだけ違った目線で評価できる、あるいは評価できそうな動きがある企業を探して組み入れたい、それが面白くて好きである、ということなのです。

それが結果的に、他の投資家とは異なる運用となり、大きなリターンをもたらしてくれる可能性につながるのです。

第4章

投資の3視点

投資戦術における、3つの視点

ここで私が投資する銘柄を選ぶ際に、常に意識している**3つの視点**について、改めてまとめておきたいと思います。

①変化率

株式投資における、自身の特徴・強みとして意識していることのひとつが「変化率」です。

たとえば大赤字の企業が本格的なリストラに着手して、これから良くなっていこうとしているとか、業績じり貧のところが減損処理して、業績を悪化させている要因を一掃するといった材料が出た時は、企業が大きく変わる節目になります。

例1　もし、R社の携帯電話事業に大きな変化が生じたら？

インターネット関連サービスを展開し、近年、格安携帯電話事業に進出したR社。ここ数年、赤字決算を続けているのは、携帯電話事業が、その投資負担と比べて収益化に結びついていないからです。株価も、重い投資負担にともなう財務懸念や増資による株式希薄化、あるいは〝虎の子〟の優良子会社群を資金調達のために上場させてしまい持分を減らしてしまうなどの不安を反映して、冴えない展開が続いています。

もちろん携帯電話事業そのものが好転すれば、企業価値の再評価に直結するのはいうまでもありませんが、もしR社が大きく変わる兆しを感じさせるニュースがあったら、それは投資のチャンスかも知れません。

減損処理の難しさなどもあって、あくまでも想像の世界になりますが、「携帯電話事業からの撤退」「他の携帯キャリアとの提携強化」などがあったらどうなるでしょうか。他の大手通信キャリアの事業価値への影響もあるはずで、大いに妄想を働かせる価値があるでしょう。

他にも、たとえば日立製作所は２００９年３月期決算で、７８７３億円もの赤字を計上しました。これを機に、日立製作所はグループ事業の再構築をはじめとする社内改革に取り組み、経営の立て直しを図りました。

ちなみに、２００９年12月末時点の日立製作所の株価は１４２０円ですが、２０２３年７月28日時点では８７１０円まで回復しています。

ソニーも２０１５年３月期で、携帯電話事業などを含む「モバイル・コミュニケーション」分野について、１８００億円の減損処理を行いました。この減損処理を発表した際、「これで大きく株価は反転する」と思いましたが、発表翌日の株価は大きく下落しました。織り込まれるタイミングにはいろいろあると思いますし、**反射神経が命ではない事例**とも言えます。その時２０００円以下の株価で買い増ししましたが、同社の株価は２０１５年３月末には３１９０円、２０２３年７月28日時点では１万３０４０円となっています。

それ以外にも、**経営者が変わる、大株主が変わる、あるいはアクティビストが入ってくるといったことも、企業が大きく変わるきっかけになります。**創業家が経営陣から退き、プロ経営者が経営の舵取りを担う。あるいは逆に、創業家が経営の一線に復帰するなどというケースが過去にもありましたが、それも少なくとも変身企業になるという点で、注目しておくとよいでしょう。

例2　もし、N社が光半導体・光通信の開発に成功したら？

かつての日本は半導体大国でした。1992年の半導体企業売上高ランキングを見ると、上位10社のうち6社は日本企業でした。世界シェアも半分を握っていたのが、今では見る影もなく、いずれ日本の半導体企業のシェアは、限りなく0％に近づくとまでいわれています。

家電製品も、今では韓国や中国のメーカーに席巻されていますし、下手をすると自動車メーカーも、韓国や中国の猛追に遭わないとも限りません。

このように、1990年から2020年前後までの30年間で、日本企業の世界的地位は大幅に後退しました。

しかし、ここから新たに日本発のビジネスが生まれてくる可能性の芽が、ほんの少しずつではありますが、見え始めています。

たとえば2022年11月、**国内最大手の通信事業会社N社の子会社となったND社**が、Web3・0に最大6000億円を投資する方針を打ち出しました。まだ、どのようなサービスが生まれてくるのか、皆目見当もつきませんが、世界的なサービスが生まれてくる可能性には期待したいところです。

このND社、実はN社の優秀な子会社として東京証券取引所に株式を上場していましたが、2020年12月をもって株式を上場廃止にし、N社の完全子会社になりました。こうしてグループへの求心力を高めつつ、N社はサービス面でWeb3・0の世界を目指すのと同時に、ハード面においては、光半導体、光通信を軸にした開発に注力し始めています。巨大国内企業のイメージが強いN社ですが、今、彼らが狙っているのは、国際市場です。

特に**光半導体、光通信の技術**は、今のサーバや通信の技術が限界点に近づくなか、世界中から求められています。今はサーバにしても通信にしても、それらを動かすためには電気が必要ですが、世の中を回り巡るデータの量が増えれば増えるほど、大量の電気を消費しますし、データセンターに多数配されているサーバも、物凄い熱を帯びてきます。データセンターを気温がとても低い地域に設置しようという考えや、海中にデータセンターを置くなどという話もあったくらいです。要するに、電気に頼っている限り、馬車のスピードをどこまで高めるかというレベルの話で、必ずどこかで限界を迎えます。

もし、馬車から自動車に乗り換えれば、一気に馬車の限界を超えることができるものの、それには乗り物の仕組みを根本から変えなければなりません。つまりデータセンターにしても、各種通信に関連した機器にしても、それを寒村に持っていくといった話ではなく、仕組みそのものを変える時期に近づいているのです。その技術の中核を成すのが、光半導体であり、光通信なのです。

恐らく、これらの光技術については10年後には実用化のメドがたち、15年後から20年後には社会実装されているといわれています。そして、これらの分野でN社が覇者になれたら、日本の産業界のグローバルにおける地図が、一気に塗り替わる可能性を秘めています。

これは非常に大きな投資のチャンスといえるでしょう。そもそも日本国内で通信事業を行っていると世間で思われているN社が、光通信や光半導体など最先端技術の開発に成功し、サービス面ではＷｅｂ３・０の世界で、**日本発の新しいサービスを世界に向けて発信すれば、全く違うN社像になれる可能性があります。**N社が掲げている

IOWN構想では、この光ベースの半導体・通信技術を、宇宙での通信環境整備につなげる考えも打ち出しています。これらの事業が成功すれば、再び世界トップクラスの総合通信インフラ・サービス事業者に返り咲くことも可能でしょう。

これも非常に大きな変化率といって良いでしょう。

②循環（トレンド転換／サイクル）と相対

株式市場では、大勢の人が「良い」と思っていることの反対側に、常に「駄目だ」と思われているものがあり、潮目の変化でお互いが入れ替わったりします。

このように、「**相対**」する動きが至るところで見られるのが、株式市場の面白さでもあります（図10）。

具体的にいうと、**「大型株と小型株」**、**「バリュー株（成長株）とグロース株（割安株）」**、**「内需株と外需株」などが代表的なところで、資産クラス別でいうと、「債券と株式」もそれに該当します。**あるいは本書の冒頭でも触れましたが、**米国株にリスクシナリオが浮上している一方で、日本株復活のシナリオが浮上しているのも、そのひとつと**いってよいでしょう。

図10「循環と相対」のイメージ

循環

- 在庫（約40ヵ月）
- 設備投資（約10年）
- 住宅（約20年）
- 技術改革（約50年）

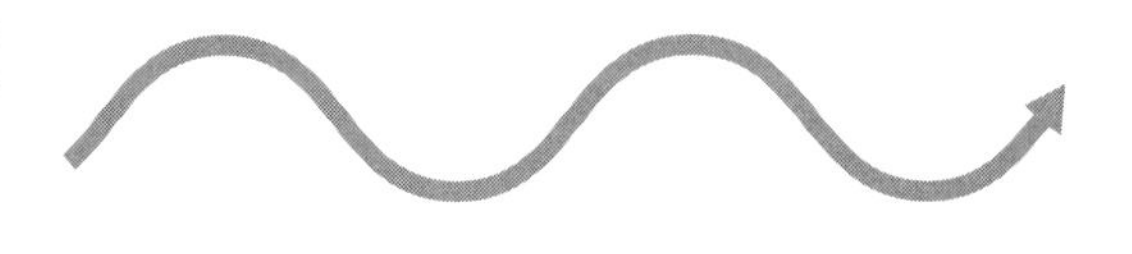

相対

- グロース株（成長株）対 バリュー株（割安株）
- 大型株 対 小型株など

他の上昇が下押し圧力に　他の下落が下支えに　他の上昇が下押し圧力に　他の下落が下支えに

もうひとつ、マーケットを見るうえで注目しておきたいのが、**「循環」**です。循環というと少し難しいような印象を受ける方もいらっしゃると思いますが、平たくいうと**「良い時があれば、悪い時もある」という話**です。

これは**トレンド転換**のことであり、**マクロ経済も企業経営も、「循環」するように浮沈を繰り返しています。その変化率の大きなところに資金を投じるのが、株式投資でリターンをより高める、あるいは確度を高めるポイントのひとつ**になります。

「相対」も「循環」も、株式市場での動きに当てはめるまでもなく、自然の摂理、普遍の法則のようなものだと捉えています。潮の満ち引きや、「山高ければ谷深し」ということわざにもあるように、ものごとは永遠に同じことは続かないし、その動きが長ければ長いほど、大きければ大きいほど、強ければ強いほど、その分、力が蓄積され、より大きなマグニチュードで、次の動きが長く続くことになるということです。経済学でいう在庫循環、設備投資循環、建設投資循環などはこうした考え方に沿っているものだと思います。

長く続き、大きく膨らんだトレンドが転換する時ほど、次に現れる別のトレンドも、長く大きなものになる可能性があります。だとすれば、企業価値の向上に伴う、日本企業の株価上昇は、長く続く可能性があります。

こうした循環をさまざまな観点から探り、その循環の転換点を見つけるようにし、その循環に乗れる企業を探します。そのやり方は、次章で詳しくご説明します。

③成長性

第三は、王道ですが単純明快で「伸びる会社」です。その中でもさらに王道といえる、GARPスタイルの銘柄選択です。GARPとはGrowth at Reason able Priceの略で、グロース投資（利益が伸びている企業への投資）とバリュー投資（実態に比べて株価が割安な企業への投資）の両方を組み入れた判断方法です。一般的には、**「中長期の成長性から見て割安な銘柄に投資する」**というもので、業績の成長率、成長の持続可能性、PERなどの株価指標の水準や、それらのバランスを勘案して評価します。

とまあ、こうした株価を捉える指標の話は教科書的になりがちで退屈な感じになってしまいます。株価指標はさまざまな要因が重なり合うもので、その評価の妥当性を判断することは、極めて難しいと実感しています。そこで、自分が成長株を見る上で、実践的と思うアプローチをいくつかご紹介します。

まずは、**逆説的にPERが高い企業を探すことで、市場から評価されている企業を探そうとしてみる**ことです。そして**PERが高いことにきちんとした理屈があるかどうかを見てみる**のです。業績は伸びているのか、新しいサービス、商品を提供しているのか、画期的な技術開発で近い将来、急成長が予想されているのか。同じくPERが30倍、50倍といった会社を並べてみたりしているうちに、「なんかこの会社、PE

Rが15倍のあの会社と同じような事業内容なのに、PERが30倍って高くないか？」とか、「おお！　こんなに増益が続いていてROEが20％以上、しかも配当もしっかりしているのにPERがあの会社と同じ30倍だなんて、安いんじゃないか？」と思えてきたりすれば、自分の見方が醸成されてきたといえそうです。

また、**その会社のPERを、過去何年かと直近で、上がってきているのか下がってきているのかというトレンドでみること**です。加えて、市場全体の平均や、成長株全体の推移と比較できるといいでしょう。よくあるパターンとしては、PERが長年割安で放置されてきた老舗のニッチ電気機器メーカーとか、化学材料系の会社、あるいは画期的新製品の開発企業などが、株価が数年で10倍になるなど大化けするケースです（いわゆる10バガー）。それらの会社の製品が半導体向けに採用が進んで業績が成長し、利益が5年で4倍になる過程で、PERが1年目は12倍、2年目は15倍、3年目で25倍と加速したりします。しかもアナリストが勝手にそこからさらに2、3年後の利益を計算ベースにするので、3年目の株価が10倍（PERが2.5倍、利益が4倍で、掛け算して10倍！）になってしまうわけです。この利益成長とPERの変化を1年目から2年目の途中で気がつくと、後半に加速度がつく局面に、ちゃっかりと乗れるかもしれません。近年では、**レーザーテック**がそのような事例でしょうか。

このように、**株価指標そのものの水準よりも、その変化、トレンド（非サイクル）、相対比較など、本著でご案内している観点でみてみること**で手触り感を持っていただけると嬉しいです。

また、**成長企業を評価する上で、最重要な要素が経営トップであることは間違いないでしょう**。過去十数年以内に上場してきた企業の経営トップの多くは「創業者」でもあり、そのビジョンや熱意は、事業の方向性に極めて密接に影響してきます。経営者の人となりも含めて、直接お会いしたり決算説明会などを通じたりして、**コミュニケーションをはかることを重視**しています。業績や株価が堅調な時、苦戦を強いられている時、いろんな場面を通じて経営者の対応や説明に接することで、その後の展開を予想する重要な情報となります。低迷している時に、経営者から反転攻勢の手応えを熱弁されるなどという機会は、その後の株価上昇タイミングを捉えるチャンスにもなりますし、株価低迷時に拙速（せっそく）に売却してしまったりすることの防波堤にもなるわけです。

第5章

歴史に裏打ちされた「循環と相対」

循環について考える①

4つの景気サイクル

さて、前章で説明した視点のひとつ**「循環」**について、さらにくわしくご説明したいと思います。

「循環」とは、サイクルのことです。まずは経済の教科書的な話からいたしましょう。景気には4つのサイクルがあります（図11）。短いものから言うと、

①**在庫変動**によってもたらされる景気サイクル　キチンサイクル（3〜4年）

②**企業の設備投資**によってもたらされる景気サイクル　ジュグラーサイクル（約10年）

③**建築需要**によってもたらされる景気サイクル　クズネッツサイクル（約20年）

④**技術革新**によってもたらされる景気サイクル　コンドラチェフサイクル（50〜

図11 景気のサイクル

出所　日本証券業協会公式サイトより一部改変

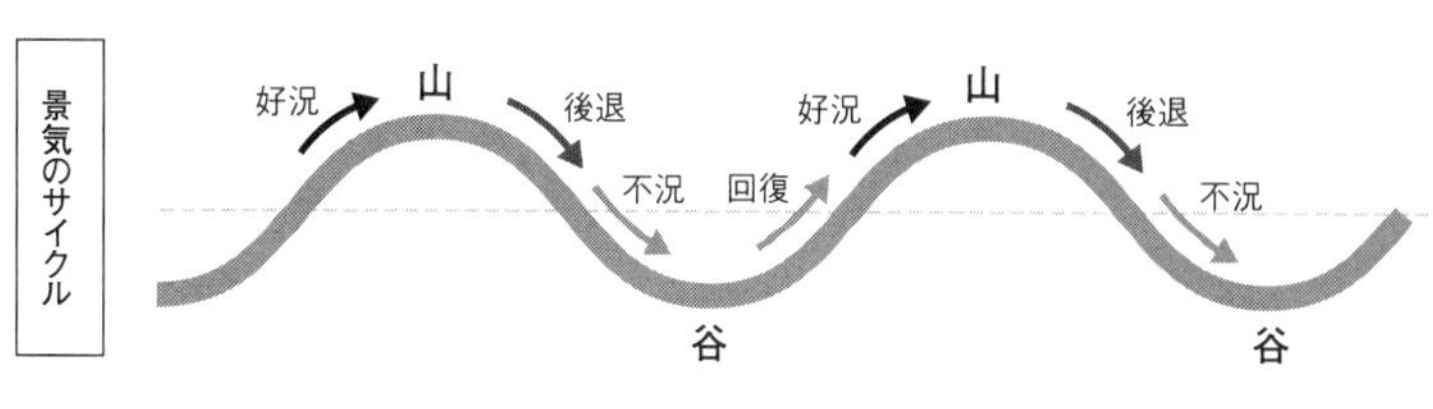

4つの景気サイクル

	キチンサイクル	ジュグラーサイクル	クズネッツサイクル	コンドラチェフサイクル
周期	約3～4年	約10年	約20年	約50～60年
起因	在庫変動	設備投資	建築需要	技術革新

60年）

というものです。

例　在庫変動によってもたらされる景気サイクル　キチンサイクル（3～4年）

このうちもっとも短い、在庫変動のサイクル（キチンサイクル）を例に説明すると、景気の回復期から不況期までには4つの局面があり、それが3～4年の周期で現れるというものです。

好況期はモノがたくさん売れます。そのため企業は、すぐに売れることを前提にして生産をどんどん増やし、在庫をたくさん積み上げていきます。在庫を積み上げても売れるので、企業の業績は拡大して、社員の給料も増えていきます。

しかし、いつまでもモノが売れるとは限りません。在庫がどんどん積み上がっていくうちに、その商品が世の中全体に行き渡り、そのうち徐々に売れなくなります。当然、在庫はさらに積み上がっていきます。すると、企業の業績は落ち込み、従業員の給料も減っていきます。個人消費は落ち込み、景気は後退期へと入っていきます。

好況期がしばらく続くのと同様に、後退期も一定期間続きます。在庫はさらに過剰なまでに積み上がり、企業のなかには売上や利益が上がらず、資金繰りに窮して倒産するところも出てきます。世の中全体が停滞ムードに包まれます。これが**不況期**です。

でも、不況期もどこかで徐々に終わりを告げます。モノが売れないので、企業は在庫をなくすため、大バーゲンセールを行ったりします。その結果、過剰在庫は徐々に減り、そのうち売れる数量が在庫の数量を上回るようになり、在庫不足になります。在庫が減れば、企業は再び生産を増やし、徐々に景気が良くなっていきます。これが**回復期**です。

このように、**在庫の「積み上げ→余剰在庫→過剰在庫→在庫不足」というサイクル**

に対応して、景気も「好況期→後退期→不況期→回復期」という4つのサイクルを描くようになるのです。この**4つの局面が、3～4年周期で現れるというのが、キチンサイクル**です。

これと同じように、設備投資なら約10年、建築需要なら約20年、技術革新なら50～60年という時間軸で4つの景気の局面を描くのが、景気サイクルなのです。

この4つの景気サイクルを見て、今がどこにあるのかを考えてみると良いでしょう。インターネットを核としたDXは、2000年くらいから本格化したように思いますが、ネット化、DX化、そしてAI革命という流れがある今、まさに技術革新サイクルの真っ只中といえるのかもしれません。

かつ、約20年周期とされる建築需要も、今の日本はさまざまなところでオフィスビルやタワーマンションが次々に建設され、しかも需要も引きも切らずの状態です。

さらに設備投資でいえば、これからの日本はDXやAI・ロボットの導入など、かなり積極的に行わなければならない状況に直面しています。

在庫については短期的なものなので、ここでは特に取り上げませんが、少なくとも10年単位の長期的な景気サイクルについて考えると、**技術革新、建築需要、設備投資のいずれもが、ポジティブな局面にあるようにも見えます。これも日本株に対して強気に見ている理由のひとつ**です。

循環について考える②

株式市場の4つのステージ

景気と同様、**株式市場にもサイクル**があります（図12）。よくいわれているのが、**「金融相場」→「業績相場」→「逆金融相場」→「逆業績相場」という流れ**です。

このうち**株価にとってポジティブなのは「金融相場」と「業績相場」**で、いずれも株価は上昇しやすい局面です。それとは逆に、**「逆金融相場」と「逆業績相場」は、株価にとってネガティブに作用**します。

図12 株式市場のサイクル

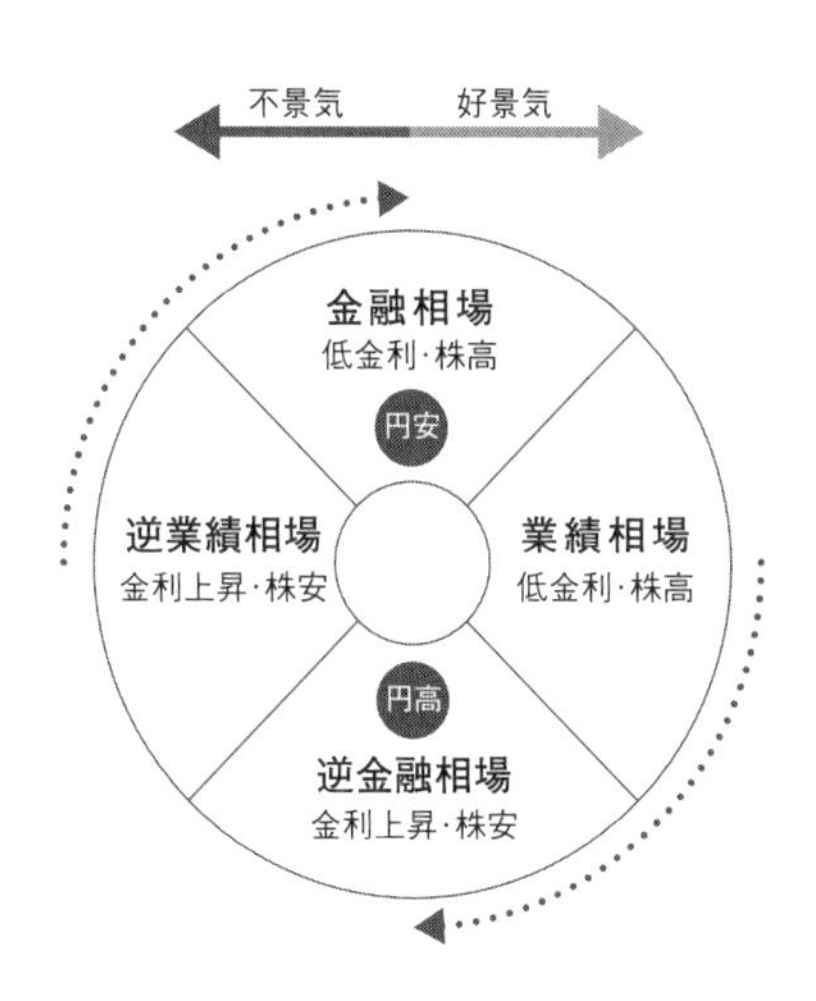

具体的に、それぞれどのような相場環境になるのかを説明していきましょう。

①金融相場……金融緩和局面に現れます。

金利が低下すると、将来の景気回復期待から企業業績に対する期待感も高まり、株式市場に資金が流れ始めます。この時点ではまだ景気は本格回復しておらず、どちらかというと回復局面に移行する一歩手前で、むしろ不況感が強く残っている状況です。「不景気の株高」は、この金融相場を指しています。

②業績相場……金融緩和によって金利水準が下がり、個人消費が伸び始めて、企業も設備投資を積極的に行おうとします。消費や投資が活発になれば景気は回復し、

企業業績も良くなります。当然、企業業績が好転すれば、株価も上昇していきます。ただし、業績相場の最終局面では、これまで下がっていた金利が徐々に上昇してきます。その結果、企業業績の伸びが鈍化し、景気の先行きがやや怪しくなっていきます。

③逆金融相場……この時点ではまだ景気や企業業績の拡大は続いていますが、金利が上昇してきているので、近い将来、景気が悪化することを織り込んで、株価は下落し始めます。特に高PER・PBRのグロース銘柄の株価にとっては厳しい局面ですが、逆にバリュー銘柄は買われやすくなります。

④逆業績相場……株式市場にとっては最も暗いステージといってもよいでしょう。金利は大きく上昇し、企業業績はかなり厳しくなります。当然、個人消費も落ち込んでいます。まさに不況です。

あくまでもひとつの目安ではありますが、今の株式市場がこの4つのステージのうち、どこに該当しそうなのか、ということは、把握しておいたほうがよいでしょう。

ちなみに2023年7月現在の株式市場を見ると、金利はもう長年にわたって大幅に低下してきましたから、当面はよほどインフレがきつくならない限りは、この低金利が持続すると考えられます。また、グローバルで比較すると、未だに政策金利を明確に引き上げていないのは日本ぐらいであり、相対的には低金利の恩恵を受ける金融相場の色彩が残るといえるかもしれません。しかしそれと同時に、歴史的な低金利と金融緩和の終焉も見えつつあります。これは強調してきた長期サイクルの転換点に当たるかもしれず、今後の方向性に極めて大きな関心を向ける必要があると考えます。

企業業績は回復局面です。実際、2023年3月期の企業決算を見ても、過去最高益を更新している企業がたくさんありました。これらの点から考えると、**今（2023年7月現在）の株式市場のステージは、金融相場から業績相場に移行するタイミング**であるようにも思えます。

ちなみに、この**株式市場の4つのステージは、金利のサイクルとほぼ一致**しており、**時間軸で考えると、大体10～15年でワンサイクル**を描きます。つまり**金利は、10～15年間でピークとボトムをつける傾向が見られる**のです。

不景気になると、金融が緩和されて金利が低下。低金利の影響で徐々に景気は回復へと向かい、さらに景気が加速して過熱状態になると、今度はそれを鎮めるために金融引き締め、つまり金利が上昇するようになって、再び不景気に向かう。このサイクルが一巡するまでに、10～15年かかるというわけです。

ちなみに私自身あまり実感としては捉えきれていませんが、金利のサイクルには50年程度の超長期サイクルがあるとも指摘されています。この視点に基づけば、第二次世界大戦から1970年代までの金利上昇期、その後、直近までの金利低下期を経て、**今後は「長期金利上昇局面」に入る**との考えも成り立つのではないかと推測できます。

循環について考える③

テクノロジーのサイクル

循環は景気やマーケットだけでなく、特定の産業にも見られます。たとえばIT情報通信、半導体産業などのテクノロジーには、15～20年周期のサイクルが確認できます。

たとえばITバブルが起こったのは1999年から2000年のことでした。この流れを牽引したのは、インターネットのインフラ投資とネットビジネスの勃興でした。

携帯電話やノートパソコンも世界的に普及し、こうした情報通信関連のアプリケーションが、株価を押し上げました。そこから15年ほど遡ると1985年前後ですが、この時に注目されたのはＶＴＲ（ビデオテープレコーダー）です。そこからさらに15年ほど遡ると、1960年代のカラーテレビがあります。

このように新しいプロダクトやサービスが世に登場すると、それが徐々に普及していきます。もちろん当初は価格も高いので、いわゆるアーリー・アダプターと称される人々の間に広まるだけですが、この時期は成長率も高く、利益も大きく取りやすい時期です。それが徐々に普及するようになり、産業規模が拡大し、利益率が高まってくると、業績が伸びていきます。最近の事例でいえば、ＥＶ（電気自動車）の**テスラ**の業績と株価の躍進がそれに当たると言えるかもしれません。また、**エヌビディア**の高性能で数百万円もする半導体が生成ＡＩ向けに爆発的に伸び、業績と株価が急激に拡大している動きは、ＩＴバブルのときにインターネット設備向けの通信ルーターが急拡大していた**シスコシステムズ**とオーバーラップします。

まさに好循環です。業績が伸びれば、ＰＥＲなど業績をベースとした株価のバリュエーション（企業評価価値）は割安になりますから、さらに株価の上昇余地が高まります。

この流れを繰り返しているうちに、株価バリュエーションはどんどん将来を先取りして織り込む動きを強め、業績予想の拡大より早いペースでＰＥＲがどんどん高くなっていったりします。

でも、株価は業績を先に織り込んで動きますから、まだ増益していても、増益率が落ち込むと、株価のパフォーマンスが徐々に悪化していきます。そのなかで株価はピークを打ち、今度は下がり始めます。株価が下がり始めると、ＰＥＲなどは徐々に低下し、いわゆる割安株になっていきます。結果、これまではなかなか買えなかった株式でも、買いやすくなります。しかし、株価のピークアウトと共に業績も伸びにくくなっていますから、株価の上昇余地はほとんどありません。そのうち、さらに業績が大きく落ち込むと、今まで割安だった株価が割高に転じていきます。

機械株などによく当てはまる事例ですが、株価水準は下がってきているのでＰＥＲは一見安くみえたりするけれども、さらなる業績悪化を見通しているので、割安な株価とバリュエーションがさらに低下を続けるというケースもあります。

これを評して、「業績がピークを迎える前、それを見越して下がり始めて割安に見える株価バリュエーションの時」に売って、「（逆に）業績がボトムアウトして、それを見越して上がり始めて割高に見える株価バリュエーションの時」に買え、というのが機械株の鉄則といわれたりもします。

そしてこの間、新しいテクノロジーに関連した商品・サービスの価格は、競合などが増えたことによって値引き競争が激化し、販売数量自体は増えるものの、利益率が低下します。かつての高付加価値商品が、単なる日用品へと変わっていくのです。

このようなサイクルが10〜15年ごとに現れるのが、テクノロジーの分野です。

前述したように、1960年代はカラーテレビがあり、1985年はVTR。そして1990年代は携帯電話やパソコン、液晶、さらにはインターネットの普及に伴って、そのインフラ関連技術がもてはやされました。

2010年代には再生可能エネルギーやスマートグリッド、EV、DX、GAFAMに代表されるピュアデジタル的なものが登場し、普及していきました。こうした**新しいテクノロジーの「開発→高付加価値化→普及→日用品化」のサイクルは、今後も15〜20年おきに出現するものと思われます**（もしかすると、AIの能力が人智を超えた場合、こうしたサイクルや、これまでの人間世界での常識は大きく変貌するのかもしれませんが）。

循環について考える④

資源・エネルギー

近年の米国株市場をけん引してきたのは、**Google、Apple、Facebook（2021年10月からMetaに社名変更）、Amazon、Microsoft**の頭文字で構成される、GAFAMと呼ばれるIT企業大手でした。この5社の時価総額合計が、東証一部上場企業の時価総額合計を上回るなど、業績も株価も、物凄い勢いで成長してきましたが、こうした状況に変化が生じてきたように感じています。先にも触れたように、日本のバブル期ピークにみられた現象（山手線の内側の地価だけで、米国全土を買うことができるといわれたような）と、どこかオーバーラップするように思われるのです。**何かが極端な状況になっていて、「転換点」を予期する一つの現象とも捉えられます。**

こうしたIT企業大手とは真逆といっても良いかと思うのですが、往年の重厚長大系企業の株価が大きく上昇したのです。具体的には製鉄、鉱山、海運、資源・エネルギーなど（コモディティ）です。第3章の「JPMザ・ジャパン」の投資銘柄でも述べましたが、もう少し詳しく綴ってみたいと思います。

例　原油など資源・エネルギー価格

たとえば資源・エネルギー産業で見ると、前回ピークをつけたのが2006〜2008年の話です。この時は、世界最多の人口を持つ中国の台頭による影響が大でした。

2001年にWTO（世界貿易機関）に加盟した中国は、「世界の工場」としてグローバルサプライチェーンに組み込まれました。その結果、石油や鉄鉱石などに対する需要が大幅に伸び、資源・エネルギー価格が急騰したのです。その後、原油価格は一時、1バレル＝140ドル台まで上昇しています。

その後、2008年に起こったリーマンショックに加え、米国ではシェール層からガス、石油を採掘する技術によって、シェールガス・オイルを大量供給できるようになり、原油価格をはじめとする資源・エネルギー価格は下落に転じました。シェールガス・オイルが開発されたのも、一種の作用反作用、つまりサイクルを形成する動きの産物です。つまり、高騰したエネルギー価格が開発を促し、その供給圧力がエネルギー価格の下落につながる。こうして上昇と下落の循環サイクルが巡っていくのです。

資源・エネルギー価格が再び上昇機運を強めたのは、2020年に入ってからです。その転換時に、原油価格が史上初めてマイナス価格を記録しました(2020年4月20日)。トレンド、サイクルの転換点には、極端な動きが現れるものです。そこからひたすら右肩上がりの上昇を続け、2022年6月には1バレル=120ドル台まで上昇しました。前回のボトムである2000年前後から**20年程度でサイクルが一巡している**ようにみえ、今後、中長期的な上昇トレンドが予想されます。

例 銅の価格

それと同時に銅の価格も大きく上昇しました。中国による爆買いの影響から、2006~2007年にかけて1トン=7000ドル前後まで値上がりした後、2016年には4800ドル台まで下落しましたが、2022年には8800ドル台まで上昇しました。原油価格と同じように、**銅の価格も15〜20年前後の時間軸でピーク→ボトム→ピークのサイクルを描いています。**

原油や銅などの資源・エネルギー価格が2006年から2008年あたりにかけて上昇したのは、明らかに中国の経済成長にともなう需要超過によるものでした。でも、今回は明らかに事情が異なります。中国経済自体も、2006年当時のような元気さはありません。

では、どうして今回、資源・エネルギー価格が上昇しているのかというと、これは**供給制約によるもの**でしょう。

つまり需要がそれほどでなくても、供給制約によって供給量が減り、結果的に需要量が供給量を上回って、価格が上昇したのです。そして、その**背景にあるのは、環境規制や働き方改革によるもの**と見ています。

働き方改革という点で考えると、銅の採掘現場で働いている人たちに重労働を課すことが出来なくなります。加えてESG（企業が長期的に成長するためには環境「Environment」、社会「Social」、ガバナンス「Governance」の観点が必要だという考え方）の観点で考えると、民間企業の間では、強制労働や人権を無視したような働き方を強いて生産された原材料などを購入すること自体、非常に難しくなります。ロシアのウクライナ侵攻に象徴される地政学リスクの顕在化や、中国・ＢＲＩＣＳ諸国と欧米諸国との分断は、サプライチェーンのグローバル規模での再構築を加速させており、こうした供給制約が長期化、深刻化するものと思われます。

このように考えると、資源・エネルギー関連において供給制約が強まるのは自明であると考えられます。

例 海運

海運業界が前回注目されたのは、２００５〜２００８年にかけての話でした。当時は中国の経済成長を背景にした海運需要の高まりによるものでした。

その時、需要が高まったのは「ドライバルク」と呼ばれているバラ積み船で、コンテナ需要はそれほど高まることなく、事業としては低採算が続いていました。その後、２０１０年代にさらにコンテナ市況が低迷し、構造的な赤字状況が続くなど、事業の継続性にも懸念が高まりました。

そのため、コンテナ業界は難局を乗り切るために、世界的にアライアンス（企業の提携）が加速しました。それによってコンテナ会社数や船舶数も減り、過度な価格競争もおさまり、構造的な収益改善が進みました。そこにパンデミック後の物流回復も加わり、海運各社の業績V字回復が実現しました。そこで重要なのはパンデミックによる業績の急回復ではなく、持続的、構造的な収益力が認知されたことであり、ガバナンスの改善も相まって、バランスシートや株主還元強化も複合的に進んでいることです。結果、日本の海運大手の株価は足元も非常に堅調に推移しています。

規制、規格変更によって生じるサイクルにも注目する

各種規制、規格変更によって生じるサイクルのようなものもあります。

例　パチンコ業界

たとえばパチスロなどは典型的でしょう。パチスロ機は検定を通過しないと遊技場に設置できないのですが、射幸性の強い機種が出てくると、ギャンブル依存症の社会問題などが顕在化することに対応が求められ、規制を強めて射幸性を下げるといった流れがあります。それによって人気が低下し、パチンコ業界全体に不況風が吹き始めます。不振の時代が続くと、そうこうするうちに何らか正当性のある理由が出てきて、単純に規制が緩まるというわけではないですが、結果的に新しいゲーム性が提案されることで顧客支持が高まり、業界全体の業績が上向くということを繰り返しています。

たとえば2005、2006年あたりは、パチスロ4号機がブームになってパチスロ専門店が街中に増えましたが、ギャンブル依存症の人が増えたとか、遊技場の駐車場の車内に子供を乗せたまま遊んでしまう親が増えたとか、さまざまな社会問題が起こりました。

その結果、短時間の出玉制限やボーナスのストック機能を禁止にするなど、規制を強化したため、多くのパチスロ専門店が撤退しました。4号機は2007年に完全撤去され、その代わりに、規制強化を反映した5号機が出てきたのです。

しかし、5号機によってパチスロ業界は苦境に追い込まれたのも事実で、業界そのものが大きく縮小していくなか、5号機の登場から10年を経て、2018年2月から6号機が登場しました。ここから徐々にゲーム性の解釈の多様化が進み、現在、遊技場に設置されている6・5号機は、メダルレスで時間あたりの出玉数が拡大したスマートパチスロも登場し、人気を博しています。結果、パチスロ関連企業の株価も大きく上昇しました。

傘下にパチスロ大手S、ゲームソフト大手Sを持つSSホールディングス社は、その追い風を受けている一社です。この会社は一方で、別の「循環」「変化率」の観点でも注目しています。

代表取締役社長グループCEOは、創業家の2代目にあたります。**創業家経営の「代替わり」も、まさに長いサイクルの動きであり、大きな変曲点となり得る**のです。

こうした観点も複合的に捉えて、取材や業績分析を通して、飛躍的・非連続的な成長の可能性を探ります。

例　消費者金融業

消費者金融業も、法律や規制を背景に、同様のサイクルがあります。上限金利の引き下げ、事業参入への要件が厳格化するなど、法律や規制の引き締めというのが基本的なものですが、事業環境が激変することで淘汰が一気に進み、「強い会社が伸びる」といった事例がありました。

例えば、コスト改善の観点から、業界初の「自動契約機」（アコムの「むじんくん」）が登場して、社会現象レベルのブームになったことがあります。その手軽さから利用者層が一気に広がり、新規の申し込みが急増。業界全体の構造が一気に変わり、高成長セクターになっていったという事例があります。

詳細は省きますが、2010年以降、「過払金返還」という業界全体の重しとなっていた業績悪化局面においては、この問題の影響低下を見据えて投資したこともあります。これは一定のパフォーマンスを上げることができました。

例　5Gなど通信システム

他にも、**規格変更によって生じるサイクル**も考えられます。

たとえば**通信関係の設備投資サイクル**がそうです。3G、4G、5Gと来て、これからは6Gの時代が来るでしょう。このように通信システムの世代交代が行われると、それに伴って新たな設備投資が必要になります。

ちなみに、これまでの通信システムの世代交代は、次のようになります。

1G……1980年代。アナログ携帯電話の普及。

2G……1990年代。アナログからデジタルに通信方式が変更。NTTドコモが1999年に発売した「iモード」を中心にして、着信メロディや待受画面のダウンロード、モバイルバンキング、地図検索といったサービスが開始。

3G……2000年代。通信速度が大幅に向上し、世界標準の高速通信が普及。インターネット接続が快適に行えるようになった。

4G……2010年代。さらに通信速度が向上し、インターネットの快適利用の他、モバイルゲームや動画などが楽しめるようになった。

5G……2020年代。セキュリティの強化や4K、8Kでのライブ配信、遠隔手術支援などの遠隔技術・操作、自動運転などが現実化。

今後の展開はまだ見えていない部分もありますが、これまで10年ごとに世代交代が進んできたことからすれば、2030年代は6Gの時代が来ると考えられますし、すでに指摘した光通信、光半導体の世界観では、宇宙・衛星通信なども含めて、現時点では想像できないようなサービスが普及し、関連企業の大躍進が実現しているのではないかと「妄想」しています。

このように、非常にミクロ的、個別要因的に見えるかもしれませんが、株式市場とはこうしたミクロ、セミマクロの集合体であり、個別で収益機会を追求できる魅力に溢れた機会といえるのです。

循環は、長期のチャートで把握する

循環は景気、株価だけに見られるものではなく、さまざまな産業にも見られます。

したがって、自分自身で投資したい企業が見つかったら、まずはその企業の株価の長期チャートをチェックしてみて下さい。

もちろん、昨年くらいに新規上場したような新興企業では、長いチャートなど入手しようもありませんが、同業他社で上場後、長い歴史を持つ企業があれば、その企業の株価チャートが参考になるでしょう。

過去30年、40年のチャートを見て、まずはその高値と安値を抽出し、それぞれの局面でどのような出来事があったのかをプロットしていきます。

たとえば半導体製造装置で世界的なシェアを持つ**東京エレクトロン**の過去40年くら

いの株価チャートを見て、まさに今、高値をつけにいっているとしたら、過去、東京エレクトロンの株価が高値をつけた時の経済情勢が、今とどこが類似しているのか、あるいは東京エレクトロンと同じように株価が大きく上昇した企業はどこなのか、逆に悪かった企業はどこなのか、といったことを調べていくのです。

このように**長期の株価の推移とともに、高値を付けたところ、安値をつけたところのそれぞれで、何が起きたのかを把握しておくと、前回と同じような動きをした時に、何が似ているのか、どこが違っているのかがイメージでき、マーケットの行方を判断するうえでの参考材料になります。**

全く同じ動きにはならないにしても、参考材料が多ければ、転換した、あるいは転換しつつあるマーケット状況に気が付くことができるでしょう。事前にいろいろと考えを巡らし準備できていれば、転換点の早めの時点でアクションを起こせる幸運に恵まれるかもしれません。「賢者は歴史に学び、愚者は経験に学ぶ」「歴史は繰り返さないが、韻を踏む」などの言葉が想起されるところでしょう。

「長いブリ、ブリ」が、長ければ長いほど興奮できる

そもそも私が循環・サイクルというまでもなく、先述した「景気循環」や「株式市場の相場サイクル」はむしろ古典的な常識といえるものです。

しかしながら、そこで「あまのじゃくに、人と違う目線で、運用にいかに独自の付加価値を加えるか」と連綿と考え続けるなかで、「サイクルの視点も、ちょっと違うスパイスで考えると面白いし、チャンス！」と感じたわけです。

例えば、「期間の長さ」についてです。ファンドマネージャは、日々マーケットにくらいついていると目線が短期的になりがちです。また「経験」についても、ベテランで20から25年、バリバリ油が乗った中堅も、10から15年程度の経験値でしょう。自分自身が構築してきたノウハウや成功パターンが、10年、20年経ったのちに、まったく通用しなくなくなるということがあります。この「転換」をうまく乗り切ることが

まず、難しいともいえるでしょう。

ITバブルのピーク形成の最中（2000年頃）、「この流れはいつどうやって、そして何に変わるのか」と、日々考えていたことを覚えています。同様の問題意識を持っていた同僚と議論した結果、それまで**ダウンサイクルにあり、過去アップサイクルがあったものを候補に考えてみることにしました**。そこで、80年代の上昇相場を振り返るために、情報砂漠だった当時、大手証券会社の部店長会議資料を見せてもらいに行ったりもしました。当時、強引な営業手法で社会問題になった際に使われたような資料もあって、見せてもらうこともかなり大変でした。

結果、土地などの含み資産株の他、金などコモディティ、原油などが盛り上がっていたとわかり、関連銘柄も具体的に確認できました。結局、紆余曲折ありましたが、2000年代を通じた資源・エネルギーなどコモディティ関連のアップトレンドに比較的早く、そしてそのトレンドにより長く乗っていけたのでした。

その経験以降、いろいろなサイクルに関心を持ちました。デザインのサイクル、太陽黒点と気温のサイクルなどです。

「デザインのサイクル」については、『なぜ、人は7年で飽きるのか』(黒川伊保子、岡田耕一著/中経出版)という本に紹介されていた、人の脳の7年周期「ブレインサイクル」という考えに基づくものです。簡単にいうと、車や時計のデザインなどが、28年ごとに(つまり全体で56年サイクル)『『自然、丸い、あいまい、人間性を大切にするアナログ期』と『人工、四角い、画一的で機械性を大切にするデジタル期』を行ったり来たりしている」ということでした。ブレインサイクルは、人の骨髄液が7年で入れ替わるため、そこから生体周期が発生して影響を与えているそうです。

ほかにも「太陽黒点と気温のサイクル」は天体の動きに基づいているなど、それぞれ何かしら根拠、理由のようなものがあるということも理解が進みました。

最近では、金利には54年サイクルがあるなどと言われていることも気になります。事実、日本は1970年代以来、50年ぶりのインフレとなりましたし、日本の設備投資金額が1990年以来の水準であったり、株価も33年ぶりの高値です。

長い期間続いたトレンドが転換することへの興奮は、こうして醸成されたのです。

ところで先日、かなり大物の「長いブリ」がありました。

２０２３年8月31日に行われた、セブン&アイホールディングス傘下の百貨店大手「そごう・西武」の売却をめぐる労働組合によるストライキです。

「大手百貨店のストライキ」は、１９６２年以来、なんと61年ぶりだそうです。

賃金が上昇しない＝日本の得意技といった感すらあり、日本のデフレと賃金停滞は当たり前のようにいわれていたわけですが、以前は賃上げ交渉のストライキが日常茶飯事で、賃金上昇が継続していました。私も小・中学生時代、「鉄道がストでとまるかも」といったニュースがよく流れていたことを記憶しています。

日本というインフレ砂漠に、またひとつ大きな変化が生じてきています。

「相対」でお金の流れを把握する

景気や金利、その他、業種や企業、規制や規格変更など、さまざまな分野、領域においてサイクルが存在します。本書で触れたもの以外にも、たくさんのサイクルがあるので、自分が興味の持てる分野を見つけて、過去の出来事を調べてみると良いでしょう。今はインターネットを使えば、それこそ何でも調べることができます。

このようにさまざまな循環を把握したら、次は**「相対」**に目を向けます。相対とは、簡単に言ってしまえば、**「こちらが良ければ、こちらは悪い」**といった類の話です。

先述の「ITとコモディティ」はもとより、「株式が上がれば債券が下がり、株価が下がれば債券が上がる」というのも、「相対」のひとつといっても良いでしょう。

それ以外にも、「日本の経済情勢は悪いけれども海外の経済情勢は良い、日本の経済情勢は良いけれども、海外の経済情勢は悪い」「成長株投資と割安株投資」「輸出企業と内需企業」など、**どちらかが買われれば、もう一方が売られるという関係性を持ったもの**は、いろいろと考えられます。

この相対を循環と組み合わせることによって、お金が今、どこに向かって流れているのかを推測するのです。

第6章

なぜ「株式投資」なのか

株式投資の意味①

インフレ時代に最適な資産形成

今、株式に投資する意味は3つあると考えています。ひとつは**資産形成としての株式投資**です。

第1章でも触れたように、**日本は30年以上に及ぶデフレ経済から、ようやく脱しようとしています。安倍元首相の大号令によってスタートしたアベノミクスの柱は、黒田前日銀総裁を登用しての「量的・質的金融緩和」**でした。

金融を緩和すれば、世の中に出回るお金の量が増えます。その結果、低コストで(低い金利や条件の緩やかな貸し出し条件で)市中に出回ったお金が消費に回ったり、設備投資に回ったりするため、物価が上がりやすくなります。

とはいえ、実際にはなかなかデフレ気味の経済から抜け出すことができず、アベノミクスがスタートした2012年から2022年にかけて、物価はほとんど上がりませんでした。ちなみに、**量的・質的金融緩和を実施するうえで、日本銀行が目標値として掲げていたのが、「消費者物価指数が前年同月比で持続的に2・0%上昇すること」**でした。

その**目標の第一歩である2%に乗せたのは、2022年に入ってから**のことです。消費者物価指数のうち「生鮮食品を除く総合」の前年同月比は2・1%の上昇となり、それ以降、3%台をつけ、同年12月には4・0%になりました。2023年1月には4・2%まで上昇し、それからはやや落ち着きを取り戻していますが、それでも2023年6月時点で3・3%の上昇となっています。

仮に、日銀が目標としている年2%の物価上昇が、今後10年にわたって続いたら、どうなるでしょうか。お金の実質的な価値は物価との見合いで決まってきますから、物価水準が上昇すれば、相対的にお金の価値が目減りしていきます。**年2%の物価上昇率が10年続くと、今の100万円が持つ実質的な価値は82万円程度になります。**つまり100万円の使い出が大きく落ち込んでしまうのです。

考えてみれば、これは大きなリスクです。**逆に物価が継続的に下がっていくデフレ経済下では、現金を持っているだけでお金の実質的な価値が上がった**ので、特に資産運用を意識する必要はなかったのです。欲しいもの、買いたいものがあれば、待てば待つほど安い価格で買えるという期待で行動していれば良かったのです。しかも、待っているうちに技術やデザイン面で新しいものが出てくるわけで、じっくり待ちながら買うものを吟味できたといえるかもしれません。

その様相がにわかに変化しています。仮に、来年には今よりも値段が上がる、もしかすると手に入らないかもしれない、という予想形成が世の中に浸透したらどうでしょうか。つまり今後、インフレが継続するような経済環境になったとしたら、いよいよ真剣に資産運用のことを考えなければなりません。私たちは今、まさにそういう瞬間に直面しているのです。

では、どのような方法で資産を運用すれば良いのでしょうか。

日本人の多くは預貯金が好きなのか、個人金融資産に占める現金・預金の比率は

54％もあります。現在、定期預金の利率ですら年0・002％ですから、物価上昇率が年3％にも達していると、実質的に預金にあるお金の価値は目減りしてしまいます。

かといって、FX（外国為替証拠金取引）や暗号資産のように、価格変動を捉えて収益にするようなツールは、常に値動きを見ていなければなりませんし、そもそもFXや暗号資産は、定期的なキャッシュフローが発生しません。収益は値動きに頼るしかないのです。この手のツールで運用するのは投機であって、投資ではありません。

ということで、結論としては**株式、あるいは株式を組み入れた投資信託での運用が、インフレ時代には適している**ことになります。

ところが、日本にはなぜか長年にわたって、「株式投資は博打」というイメージが深く定着しています。

これはいうまでもなく、日本企業が投資の対象として見られてこなかったからです。その要因は、ROEや配当利回りが低く、企業はもっぱら内部留保を増やすことにばかり熱心で、株主還元を疎かにしてきたことや、今から34年前の1989年12月末に株価がピークを付けて以降、長期にわたって日本の株価が低迷してきたことなどが挙げられます。その結果、株式に長期投資すれば累積的に収益が積み上がるという経験が多くの国民には縁遠いまま、今に至ってしまったのです。

でも、これからは大きくこれらの環境が変わります。業種や事業形態によって事情は異なりますが、**「ＲＯＥは８％という一定の目処が共有され、増配や自社株買いによって株主還元を積極的に行う企業が増えてきました。**まだ道半ばではありますが、**株式を保有することによって、持続的かつ累積的な企業価値の向上と、それにともなう投資収益が積み上がる環境が整ってきた**のです。

こうなると、恐らくこれからは日本株市場をスルーしてきた外国人投資家の間でも、日本株に投資する動きが広まってくるでしょうし、２０２４年１月からスタートする新ＮＩＳＡによって、日本の個人の間でも、とりわけ若い世代に株式投資に対する関心が、高まっていく可能性があります。バブル崩壊後から長期下落トレンドを続け、直近はようやく回復機運が高まってきたとはいえ、未だにピーク株価を更新できていない日本株ですが、**「資産形成の手段としての株式投資」**がいよいよ実現しようとしているのです。

欧米においても、1990年代以降、株価が中長期的に大きく上昇した一因として、**ROE経営が重視され、自社株買いなどが進展したことが背景にある**のは間違いないでしょう。

株式投資の意味②

上場企業のオーナーになって、収入源を増やす

株式に投資をするべきもうひとつの理由。これは株主になるのであたりまえな話でもあるのですが、**企業オーナーになるという意識を高く持って投資をしましょう**ということです。

日本の株価は少なくともこの30年間、値上がりと値下がりを繰り返してきました。

日経平均株価の長期的なチャートを見ると、そのことがよく分かります。年足といって、1年間の値動きをチャートに示したもので見ると、バブル期の1989年は始値が3万1165円で、最高値が3万8915円。翌年の1990年は3万8712円からスタートして、年末が2万3848円でした。そこから下落と上昇を繰り返し、2万4000円と7000円の間での推移が長期にわたって続きました。最も安かったのが2008年10月の6994円で、2万4000円の水準をようやく上に抜けたのが、2020年のことでした。

実に、24年もの長期にわたって、日経平均株価は値下がりと値上がりを繰り返すボックス圏（箱の中に閉じ込められているかのように、株価が一定の価格帯で上下に動くこと）での推移が続いたのです。これでは株式投資、それも日本株を保有することによって、企業のオーナーになろうなどと思う人がいなくなるのも当然です。

でも、前述したように、その状況がいよいよ変わろうとしています。株式を持つことで企業オーナーになることのメリットを享受できる環境になってきたのです。

企業オーナーになるメリットとは、個人にとってはもうひとつの収入源が得られることです。個人の収入にレバレッジ（自己資金の収益を高める効果）をかけることができるのです。

経営に才能のある人は、会社員など賃金労働者として働くのではなく、会社を設立して大勢の人に働いてもらい、より多くの収入を得ています。

もちろん、その半面として会社が破綻した時のリスクも背負っているわけですが、収入の面だけを見れば、労働者として時間単価ベースで働くことに比べると、多くの収入を得ています。これは、会社の創業者・大株主として自分以外の人を雇い、皆とともに働くことによって、自身の時間・労働・成果、そしてその結果としての収入にレバレッジがかかっているのです。

とはいえ、経営者になるのはそう簡単なことではありません。しかも経営者として成功するのは、誰でもできるようなミッションではなく難しいものでしょう。

でも、**株式に投資して企業オーナーになることは、誰にでもできます。**もちろん企業オーナーといっても、その企業の持ち分権の一部を保有するだけに過ぎませんが、それでも株主である以上、**保有している株数に応じて、株主としての権利が享受できます。株主総会に出席して発言する機会も得られますし、決算で利益が出た時に得られる配当金は、株主のために、その企業に属している大勢の社員が働いた成果の一部**です。その意味では、株式を保有することによって、大勢の人たちがあなたのために働いてくれるともいえます。

ちょっとした贅沢品を買うぐらいのお金、あるいは携帯電話を買い替えるのを一回スキップする程度の資金でまず何か株式に投資してみて下さい。配当利回りが年3％もあれば、10年で30％の配当収入を得ることができますので、長い目線で投資することを考えれば、よほどの大暴落でも起きない限り、通常の市場変動では投資したお金を大きく失うようなことにはなりません。10万円程度ならなおさらそうでしょう。自分が知っている業種――例えば、仕事や趣味を通じて、その会社の知識や体感があって、興味のある業種の企業に投資すればなおのことです。まずは第一歩を踏み出してみて下さい。

恐らくこれからの時代、ＡＩの普及など労働環境の変動により収入格差が大きく広がっていくはずです。だからこそ、**自分が労働を提供することによって得られる収入**

だけでなく、その収入の一部でも株式投資に回すことで、「他の人たちに働いてもらって得られる収入」を確保する必要があるのです。これからの時代、株式投資は誰にとっても必須になると思われます。

株式投資の意味③

「経営者の目線」が得られる

それと、ビジネスパーソンにとって、株式投資で得られる知識は強い武器になるはずです。

なぜなら、**企業オーナーになるつもりで株式に投資することは、企業経営者と同じ目線を持つことにつながる**からです。

これからの時代、もし自分がビジネスの場で優秀な人材として認められたいのであれば、経営者目線を持つことが必要になってきます。良い企業に入れば、それで一生安泰という時代ではなくなっています。

実際、私のファンドマネジャー経験から感じることですが、**日本経済が停滞していた過去30年で「大きく伸びた企業」の特徴として、多くの社員が「起業家意識」「投資家マインド」を持って主体的に活動している**ように感じます。創業初期に「自ら機会を創り出し、機会によって自らを変えよ」という社訓を掲げて新規事業を次々と立ち上げ、今やグローバル企業として成長を続ける**リクルート**などがその好例でしょう。一人一人がコンサルタントとして個別の顧客ニーズに即したソリューションを提供し、日本トップクラスの給与水準を誇る**キーエンス**も双璧といえるでしょう。

そういう意識、知識、積極性を身につけるためには、株式投資を通じた学びや、自分の投資アイデアを実践することにともなう成功・失敗体験が、非常に適しているのです。

このことは、ビジネスパーソンに限りません。あらゆる人――家庭の主婦・主夫でも、学生でも、どんな人でも「社会」「経済」に関わっています。その一員である限り、「株主」としてお金の動き、社会の動きを知ること、責任を持つこと、権利を享受することはこれからの日本にとってますます必要な視点であると思います。それにより、国民一人一人が成長し国全体も発展していく、これは一石何鳥であるかわからないぐらい大きな相乗効果を発揮していくことでしょう。

株式に投資「しない」ことが最大リスク⁉

とにかく株式投資は、これまで日陰者扱いされ続けてきました。人によっては「うちは先祖代々、株式投資をしてはいけないという家訓がある」などと言い出す始末です。

先祖代々といっても、日本に株式市場が出来たのは、前述の通り明治11（1878）年のことですから、せいぜい4代か5代を遡る程度でしかありませんが、株式投資禁止を家訓にしているような家は、恐らく昭和恐慌や終戦などの影響で株式投資に大失敗して、家屋敷を差し押さえられたなどという歴史を、持っていらっしゃるのかも知れません。

「貯蓄から投資へ」という、金融庁が掲げているキャッチフレーズがあります。

もともとは小泉内閣の時代、2001年にキャッチフレーズが考えられ、個人金融資産を預貯金偏重から株式などの投資商品にシフトさせようというキャンペーンが行われました。

しかし、笛吹けど踊らずで、今も現金・預金から、株式、あるいは投資信託など投資性商品への資金シフトは起こっていません。前述しましたが、日本銀行が四半期ベースで作成・公表している資金循環統計によると、２０２３年3月末における個人金融資産は合計２０４３兆円で過去最高を更新していますが、このうち54・2％に相当する１１０７兆円は、現金・預金です。ちなみに株式は２２６兆円で11・０％、投資信託は90兆円で４・４％に過ぎません。

なぜこのように現金・預金に個人マネーが偏在しているのかというと、一番の要因は**元本が毀損することに対する恐れが強いから**だと考えられます。

特にバブル経済以前からの株式市場を知っている人は、その傾向が顕著ではないでしょうか。何しろ、１９８９年12月末にかけてあれだけ日経平均株価が上昇した後、それが5分の1程度まで下落する過程をつぶさに直視したわけですから、株式投資は危険なものという認識に囚われていても不思議はありません。

もちろん預貯金の利率がある程度得られるなら、預貯金で運用し続けるのもひとつの手だと思います。

しかし、**今の物価水準と預貯金利率を比べた時、明らかに物価上昇率が預貯金利率を上回っています。これは、すべての財産を預貯金に預けておくと、資産価値が目減りしていくことを意味します。**

前述の通り、ここ数年、**預貯金利率はほぼゼロに近い**状態が続いています。定期預金の利率は、預入金額の多寡、預入金額の長短に関係なく、一律に年0・002％でしかありません。これに対して消費者物価指数の年間上昇率は、特に2022年4月から顕著に高まり始めました。2022年12月、2023年1月は4％台に達しています。2023年の6月にかけてはやや落ち着いているものの、それでも3％台の上昇率が続いています。

その点、株式投資をしていれば、配当利回りだけで年3％を取れる銘柄も近年大きく増加し、相当数の企業が増配や自己株買いを実施しています。

年3％の配当金を受け取りつつ、ROE向上を通じてさらに企業価値を高めていく企業の株価は、上昇基調が期待できるでしょう。株式投資によって得られる収益がとても合理的で魅力的であることを意味しています。

そもそも**株式投資はゼロサムではなく、プラスサム**です。**ゼロサムとは、膨らまないパイの中で売上の奪い合いをすること**です。たとえば、成長が全く期待できないビジネスで、A社とB社が競い合っている場合、A社が売上を10％伸ばしたとしたら、B社の売上は10％落ちます。全く成長しないビジネス領域における競争は、ゼロサムになるのです。

でも、市場規模が年々20％ずつ成長しているビジネス領域であれば、A社もB社も売上を20％伸ばすことが可能になります。**市場参加者全員にとって、プラスの達成が可能であること**を、プラスサムといいます。

資本主義経済は、時には成長率が落ち込むこともありますが、それでも年0・5％、あるいは1％でも、成長し続けます。それは資本主義経済を支えている企業、そしてそこで働いている私たち一人一人が、半歩でも良いので前に進み経済を豊かなものにしていこうと努力しているからです。

そういう自分、あるいは私たちを取り巻く世界を信じられるのであれば、株式投資は必ずその信頼に応えてくれます。だからこそ資本主義経済の世界においては、株式に投資する意味があるのです。

第7章

投資初心者のために13の心得

心得①

好きな会社に投資しよう

さて、ここからは、私が得た思考法や技術を、投資未経験者、投資初心者に役立てていただけるような「株式投資の心得」をお伝えしたいと思います。

「好きこそものの上手なれ」という言葉があるように、自分の好きなことは、誰でも一所懸命に取り組みます。それは投資も同じで、**自分の好きな業界、業種、あるいは好きな企業については、誰でも詳しくなりたいと考えて、自然体で、一所懸命に情報収集するなど研究したりします。**それが、投資初心者によく聞かれる残念なパターンとしては、何らそこに対するこだわりのようなものが無く、ひたすら誰かから得たような情報をベースにして、投資先をコロコロ変えているような事例が多い印象を受けます。

あるいは、値上がり上位銘柄を中心にして、後追いで値上がり率が最も高かったような銘柄に投資するケースも見受けられますが、これも止めた方が良いでしょう。高値掴み（相場の高いところで買ってしまい、その後値下がりしている状態）を繰り返すリスクがあるからです。

投資先については、**自分の仕事や趣味で何らかの接点があるような銘柄から始めるのが良いでしょう。**会社勤めをしている人なら、恐らく何らかの形で取引先との接点もあるはずなので、そういう会社で株式を上場しているなら、『会社四季報』などを使って、その会社のことを調べてみましょう。業績はどうなのか、株価はどのように動いているのかといった点を把握しておくだけで、その会社に対する興味も深まっていきます。まずは身近なところから企業に興味を持ち、そこから徐々に広げていけば良いのです。

株式投資、特にファンダメンタルズ（企業の財務状況など）を中心にして銘柄を選び、投資するというスタイルを取るのであれば、**株価動向よりもまずは企業の中身を知ることです。**その方が株式投資の基本を理解できるし、長続きするし、何よりも儲かる確率が高まります。

心得② はじめの一歩

少額でできる積立投資

これから株式投資を始める人にとって一番の悩みは、「じゃあ、いつ買えばいいの？」ということだと思います。

基本的には、一度にまとまった資金で買わないようにして下さい。一番良いのは、毎月一定金額で購入することです。

ただし問題がひとつだけあります。それは株式投資の場合、毎月一定金額で購入することが難しいのです。

株式の場合、単元株取引といって、投資する際に1単元＝100株で投資しなければなりません。そのため、たとえば1株の株価が500円だとしても、最低5万円の資金が必要になります。加えて、株価は常に一定ではありません。日々、時々刻々と変動しています。1株が500円の時もあれば、700円の時もあります。つまり、

100株という株数で購入しようとすると、毎月、投資する金額が変わってきてしまうのです。

そこで**株式累積投資制度**を用いるという方法があります。

株式累積投資制度は、毎月一定金額で株式を買い付けることができる制度です。最低投資金額は毎月1万円で、銀行口座からの自動引き落としが可能です。投資する銘柄と、毎月の購入金額だけを決めれば、あとは毎月、決まった日に定額購入をしてくれるのです。

定額購入は、一定株数で購入するのに比べて、平均の買付単価を下げる効果が期待できます。なぜなら一定金額で積立購入していくと、株価が高い時には株数を少なく、株価が安い時には株数を多く買い付けるため、一定期間を通して計算すると、株価が安い時に買い付けた株数が多くなり、平均買付単価が安くなるのです。

もちろん、株価が一直線に上昇するようなことになれば、定額購入は不利になります。とはいえ実際の株価は、決して一直線に上昇したりはしません。上昇トレンドを描くにしても、値上がり、値下がりを繰り返しながら、徐々に下値を切り上げる形で上昇していきます。

そのため株式に投資する人たちは「押し目買い」といって、株価が上昇トレンドにある時でも、やや株価が下げたところを狙って買いを入れようとするのですが、そう簡単に押し目を拾えることはありません。だからこそ積立投資なのです。

ただし、株式累積投資制度を利用して投資できる銘柄は、限定されています。東京証券取引所には3800銘柄程度が上場されていますが、実際に株式累積投資制度を利用して投資できる銘柄は、その一部に過ぎません。ちなみに野村證券で投資できる銘柄数は、2023年7月末時点で1780銘柄です。

心得③ はじめの一歩

「何を買っていいかわからない」なら、投資信託

「初めてなのでどう投資したら良いのか分からない」「投資する金額が大きいので、自分のお財布ではどうにもならない」という理由で株式投資ができないというのであれば、日経平均などインデックスのＥＴＦ（上場投資信託）や、**投資信託を活用する**という手があります。

投資信託は証券会社だけでなく、銀行でも広く取り扱われています。あるいはインターネット証券会社ではたくさんの種類を扱っているので、一度、ホームページをチェックしてみても良いでしょう。

投資信託の最大のメリットは、極めて少額の資金で購入できることです。販売金融機関や、買付の方法によって異なりますが、たとえばインターネット証券会社に口座

を開き、毎月の積立投資を選択すると、月々1000円を銀行口座から自動引き落としで積立購入できるところもあります。

あくまでも積立投資がお勧めですが、一口購入するとしても、1万円くらいから買い付けることができます。ちなみに投資信託には「月次レポート」など、ファンドマネジャーが作成したレポートが発行されており、ネットで誰でも閲覧できます。

これには、直近でどのような銘柄が組み入れられているのかを、組入比率上位10銘柄くらいまで開示していたり、あるいはファンドマネジャーが今のマーケットについて、どのような見方をしているのかが書かれています。

これを読むだけで、**ファンドマネジャーがどういう基準で銘柄を選んでいるのか、マーケットの先行きも含めて、どのような見方をしているのかなどが分かります。**それだけでも近い将来、株式投資をするうえで参考になるはずです。

また、これから株式投資を始めるにあたっては、**インデックス型ファンドももちろんおすすめですが、ぜひともアクティブ型ファンドの検討をお勧めします。**

アクティブ型ファンドは、ベンチマークを上回るリターンを実現するために、ファンドマネジャーが常に高い付加価値を提供している企業を選別して、ポートフォリオに組み入れる努力を積み重ねています。それだけに、個人が株式投資をするうえで参考になる部分も多いのではないかと思うのです。

とにかく、どのような形からでも良いので、株式市場に参加することを考えてみて下さい。

心得④

「売り買い」って、重要なの？

「利食い千人力」という相場格言があります。「どれだけ少ない利益でも、利益には違いないわけだから、買ったなら売って、とにかく利益を確定させることが肝心だ」という意味です。

評価益は実現益ではなく、あくまでも評価上の利益なので、株価が値上がりしているうちは良いのですが、そのうち株価が下落に転じた時、そのまま保有し続けていると、どんどん評価益が減少し、下手をすると評価損に転じてしまうかも知れません。そうならないように、評価益が残っているうちに売却して、実現益にしましょうということです。

このようなスタンスで株式に投資すると、今度は「いつ売ったら良いのか」ということが気になってきます。

私は、よほどのことがない限り、売らなくても良い、あるいは売ってはいけないとすら思います。

もちろん、私はファンドマネジャーとしてお客様の資金を預かり、運用する立場ですから、お客様がどうしても現金が必要だということになれば、ファンドの一部を解約して現金を作らなければなりません。また、よりプラスアルファを求める必要があるため常にベターな投資先を求めて入替をしていく、それは仕事としてのミッションなので、個人の長期資産形成としての株式投資とは違う性質のものだと理解しています。

でも、**自分自身のお金を投資するのであれば、「売り」は基本、考えません。**なぜなら、先述の通り、**企業の株式に投資することは、その企業のオーナーになることに他なら**

ないからです。オーナーがいちいち売ったり買ったりを繰り返すのは、どう考えてもおかしな話です。そもそも投資している企業は将来的に成長、あるいは株主還元姿勢などが改善していくものと考えている会社ですし、仮に成長しなかったとしても、年3％とか4％の配当利回りが得られれば、時間の経過と共に、その配当利回りが複利で増えていきます。年4％の1年複利で計算すると、100の資産価値が10年後には148になります。20年間保有すれば、219です。

20年間保有して資産価値が倍になったら、極端な話、株価が投資した時に比べて半分まで値下がりしたとしても、表面上は損失が生じていないことになります。

もちろん、「よほどのこと」が起こった時は、自分がなぜこの会社のオーナーになろうと思ったかを再度検討しなければなりません。創業経営者が交代した、新たな業態に新規参入した、ビジネスモデルが変わったなどが、その事例でしょう。マーケットが堅調で全体的に上昇しているのに、自分の投資した銘柄の株価だけがどんどん下がっていくような場合は、何か大きな判断ミスをしている恐れがあります。検証してみるのも大事です。しかしこのような場合でも、**投資した理由と会社に変化がなければ、売却は不要でしょう。よほどのことがない限り、ただひたすら持ち続けるように**

して下さい。

株式は、タイミングを取るものではなく、保有するものなのです。

心得⑤
『会社四季報』を活用しよう

上場企業、そして株式投資をより身近に、自分にとって当たり前のことにする良い方法があります。**『会社四季報』**（東洋経済新報社）を、辞書のようにいつでも手に取れる場所に置いておくのです。リビングテーブルや会社のデスク、トイレの中など。スマートフォンを手に取ってしまう時間の代わりに、『会社四季報』なら、2、3社の概要を見ることができます。

事例を一つ挙げます。

夕食を食べながら、テレビのニュースで「**ビッグモーター**」の話題が上った時、中古車販売事業について考えてみます。中古車販売業界は儲かるのか（売上規模や利益率のチェック）、同業他社に何があるのか、ビッグモーターの問題がほかにどう影響するのか（新車が売れるのか）。パラパラと紙をめくり、関連した上場企業の情報を見てみるのです。例えば、**IDOM**や**ネクステージ**という同業他社が上場しています。他にも大手自動車会社のディーラー会社、新車販売主体の会社、自動車ローンを提供している会社もあります。「今回の件で同業者他社に顧客が流れて有利になるのかなぁ」などと考えつつ、次の決算をチェックしてみるのです。

ネットで調べるのもいいですが、一度に4銘柄を俯瞰してみられる『会社四季報』を実際に手に取ってチラ見するのはいいですよ。四季報を1年間、4冊を通してみるとかなりの数の会社を知ることになるでしょう。株価と景気、業績や社会情勢とのつながりも感じられるようになってくれれば最高です。

改めてご紹介ですが、『会社四季報』は、上場されている全企業の財務内容や業績といった数字情報の他、その会社がどのような業務をメインにしているのか、直近ではどのような業務に注力していて、それが上手くいっているのかどうかなど簡単にまとめられていて、それらに目を通すだけで、日本の上場企業全体の現状を把握できます。四季報と言われるように年4回、発行されているので、これを定期的に読み続けるだけでも、かなりの企業通になれるでしょう。

また、ウェブ版**「会社四季報オンライン」**もあるので、これを利用すればさまざまな角度から銘柄のスクリーニングが出来ます。ある程度の分析機能を活用しようとすれば会費も必要になりますが、非常に便利な機能なので、本格的に株式投資を始めてみようと考えている人は使ってみて下さい。さらには**「四季報AI」**の本格始動も間近に迫っています。先般、そのβ版が発表されましたが、面白いことに投資初心者による専門用語の質問などが多かったそうです。様々な角度から、いつでも気軽にAIに質問が出来る、便利なツールといえましょう。

また、株式投資関連の勉強会、講演会などはさまざまなところで開催されていますが、私も以前から投資家として意見交換をしたり参考にさせてもらっている**「複眼経済塾」**（投資の三種の神器『会社四季報』『日本経済新聞』『指標ノート』を使って、投資判断を正しく行うための「方法」を教える投資の専門塾。塾長は元野村證券の渡部清二氏、塾頭はエコノミストのエミン・ユルマズ氏）は、「魚を与えられるのではなく、魚の釣り方を教えてくれる」、数少ない勉強会だと思います。「どの銘柄の株価が上がるか」といった短絡的な話ではなく、『会社四季報』の最新号を読んで今の日本経済が置かれている状況を分析したり、日本の産業史を勉強することによって、これから注目される業種は何かを考えたりなど、大局観が養えます。興味のある方は調べてみて下さい。

心得⑥
慌てて買わない

自分が狙いを定めていた銘柄に関連したニュースが出たとします。それも株価にとってポジティブなニュースです。そして実際に株価が上昇し始めました。

さて、あなたは買いますか？

デイトレーダーのように、1日の値動きのなかで買って売って利益を確定させる、という投資をする人は、迷わずこのニュースに乗って買いを入れるでしょう。

でも、中長期投資を前提にするのであれば、この手の**ニュースで株価が値上がりしたところに飛びつく必要は全くありません。**なぜなら、**株価の値動きと、経営によって日々、少しずつ積み上げられていく企業価値の増え方とは、全く異なるものだから**です。

株価は、中長期的に見れば企業価値を反映して動きますが、本来の企業価値に加え、株式市場に参加している投資家の期待も上乗せされています。本来の企業価値が100だとして、その企業の将来に対する期待感が高まると、株価はその期待値を織り込んで110、あるいは120というように値上がりします。

逆に失望感が生じれば、100の企業価値を持つ企業の株価が、90、あるいは80まで売り込まれてしまうこともあります。

これに対して**本来的な企業価値は、一足飛びに増加したり、減少したりするものではありません。**日々の積み重ねを継続することによって、気が付いたら企業価値が高まっていた、というものです。経営者が交代したとか、合併したとか、企業が大きく変わるきっかけはたくさんありますが、その手のニュースが出た時に、飛びつき買いをする必要は、全くないのです。

実際、経営者が交代したとしても、**その効果が目に見えてわかるようになるには、相当の時間を必要とします**。経営者が交代して企業改革を行うにしても、まずは過去の膿を出さなければなりません。過去の膿は悪材料ですから、それが企業改革を進めるうえで必要な過程だとしても、一時的に株価は下がりやすくなりますし、その効果が現れるまでには数年かかります。どんなに早くても1年。通常は2、3年の期間を経て、ようやく改革の芽が出始めます。

もちろん、会社が良くなると思いきや、その効果が一巡してしまい、元の木阿弥になってしまうケースだってあります。いずれにしても、ポジティブなニュースが出たからといって、一足飛びに企業が良くなることは通常、あまりないものなのです。

このように、実際に結果が出るまでには時間がかかるので、ポジティブなニュースが出た直後に株価が急騰したとしても、慌てる必要はありません。私の経験から言うと、株価が急騰すればするほど、徐々にだれてきて、急騰する前の株価に近い水準まで下がってきたりします。

大事なことは、自分が納得して投資することです。そのためにはニュースに飛びつくのではなく、ニュースの内容がその企業にとって本当に良いことなのか、それを自分なりに検証してから投資しても遅くはありません。

ニュースに対して思ったよりも市場の反応が薄いようなら、打診買いといって、ほんの少しの株数だけを投資してみても良いですし、だれてきたら急騰する前の株価水準に近づいたところで買ってみても良いでしょう。

いずれにしても、ニュースが出た時に慌てて行動する必要はないのです。

要は自分が理解していて、ある程度見通しが判断できるビジネスに関連する企業を対象に、投資検討することが肝要です。先ほど申し上げたように、仕事や趣味を通じて知識があるとか、関心のある世界について少し調べてみたりすることがリスクも少ない近道です。

話題になっているとか、株価が急激に上がっている、などの理由でその企業（株価の値動きそのもの）を後追いする必要はないのです。幸いにも、株式市場にはあまたの「投資魅力」のある企業が存在します。自分のスタイル、テリトリーで動いてみましょう。

以前よく、周りにも自分自身にも言っていました。

「世界中の魚を取る必要もないし、いつでもあるいは全てのでかい魚を取る必要もない。自分の『よく知っている漁場』で『得意な漁法』で必要な成果を挙げればいい。海が荒れていれば休めばいい。コンディションの悪い時に無理して出漁したり、大漁の噂を聞いて知らない海に出て行っても遭難するのがオチだ」と。

心得⑦

自分のスタイルを変えると、失敗する

個人投資家の強みは、自分の都合で好きなように投資できることにあります。

だからといって、自分のスタイルをころころ変えてしまうのは止めた方が良いでしょう。スタイルを固めるには多少の経験も必要になるので、株式投資を始めた最初のころは、「自分のスタイルを見極める時間」と考えた方が良いかも知れません。**その間は、儲からなくてもよいとさえ思います。**儲からなくても、誰からも何も言われないことが、個人投資家のよい点でもあります。

たとえば、短期売買を中心に行っている個人投資家が保有している銘柄に損失が生じたからといって、その銘柄を長期保有に切り替えるなどというのは、まさにスタイルを変える典型例といっても良いでしょう。そして同時に、これは失敗する典型的なパターンでもあります。なぜなら、**短期の売買益狙いで投資する銘柄と、長期保有を前提にして投資する銘柄とでは、明らかに性質が違い、売買や保有の理由やタイミングが、そもそも全く異なるから**です。

デイトレーダーなど、短期売買で株式市場に参加しているプレーヤーは、基本的に中長期ファンダメンタルズ分析をベースとしていません。株価の短期的な変動や方向性、目先の決算や月次成績の良し悪し、あるいは同業他社との一時的な株価評価の乖離を判断し利ざやを取るのがその手法です。したがって、短期売買を中心にした投資家にとっては、買う対象の企業のファンダメンタルズが悪くても良いのです。当然、PERやPBRなども、必ずしも重要でないケースもあります。値動きの大きさや、短期的なトレンドの継続性などがあれば良いのです。

そういう銘柄に投資している短期トレーダーが、保有銘柄に損失が生じたからという理由で長期保有に切り替えたらどうなるでしょうか。

長期保有に適した銘柄は、値動きよりもファンダメンタルズが重視されます。ファンダメンタルズがピカピカに良い銘柄はもちろんですが、私が好んで投資したいと考える銘柄のように、現時点のファンダメンタルズが好転して株価の大きな値上がりにつながるような銘柄が対象になります。激しく株価が上下し、ボラティリティの高いだけの銘柄は、基本的に必要ありません。つまり、**短期売買と長期投資は、基本的には相容れない**のです。

したがって、短期売買で利益を得ようとした銘柄で損失を被ったからといって、いきなりその銘柄を長期投資の対象にするのは、無理があります。うまく株価が回復してくれればラッキーですが、単なる塩漬けに終わる場合、後悔だけが残るのは残念なことです。そこに自分の判断、意思は感じられません。

心得⑧

噂話には耳を貸さない

変な噂話に左右されやすいのも、投資初心者の悪い点かも知れません。

株式投資は確かに**情報が生命線**という面はありますが、だからといって**情報なら何でも良いというわけではない**のです。

たとえば目先のヘッドライン（新聞見出しなど）に踊らされるケースです。新聞見出しはその時々でスポットライトが当たるような、いささかセンセーショナルな言葉が使われますから、確かに、それによって瞬間、株価が動くこともありますが、本当に、瞬間です。なかには脊髄反応で動く投資家もいるのですが、それは瞬間のマーケットの歪みにかけて、短期のトレードを行う人たちです。

株式市場には、そういう投資家も大勢いますが、上がるにしても下がるにしても、株価が一方向に動いた後は利食い（利益が出ている時点で売却し、利益を確定すること）の動きに押され、元の水準に戻ろうとします。**見出しに出たニュースの本当の意味を株価が織り込むのは、そこから先の動き**です。

あとは、陰謀思想とでもいうような、「大口資金を動かす得体の知れない投資家が裏側にいて、株価を動かしているのではないか」といった妄想に駆られるケースもあります。特に数営業日にわたって、株価がだらだら下げ続けているような時に、この手の噂の出どころを見つけようとする個人投資家が少なくありません。いわゆるインターネット上の株式掲示板などに出ていたりするのですが、この手の情報を目にして不安に駆られて、売ってしまうのです。

これは、まったく無視してよいと思います。この手の情報は、**百害あって一利なし**です。

だから、まずは新聞やネットニュースの見出しに出てくる情報には脊髄反応をしないこと。そのうえで、インターネットの掲示板に書かれている類のことは、それを投資判断に用いるのではなく、ヨタ話を楽しむ程度で良いでしょう。私も実は、株式掲示板を見て笑っているクチですが、それでもたまに興味を惹かれる切り口を指摘しているものもあるのが、ネットの面白いところではないでしょうか。

それよりも大事な情報は、たくさんあります。揺るぎないデータをベースにして投資判断を下す。「あの大株主が売ったみたい」とか、「外資ファンドが買いに動いているらしい」というような情報は、動揺するのがオチなので見ない、気にしない。**情報で最も重要なのは、ベーシックなものなのです。**

心得⑨

心穏やかなポジションを心がける

私は、日本の株価上昇トレンドはまだ始まったばかりだと考えています。**2030年までに日経平均株価が5万円に乗せたとしても、何ら不思議はないと思っています。**なので、よほどタイミングや会社選びを間違わない限り、株式投資の成果があがるでしょう。ただ、**株価は上がったり、下がったりを繰り返しながら、トレンドとして上昇傾向をたどっていくものです。**たとえ上昇トレンドが続いているとしても、その途中で瞬間的に大きく下げることがあります。**多くの個人投資家は、この一時的な下げを持ちこたえることができず、下がったところで持っている株式を売却してしまうケースがまま見られる**のです。

このような行動が、ポートフォリオ全体のパフォーマンスを悪化させます。

確かに、株価が下がるのは決して気持ちの良いものではありません。**売却しなければ、たとえ買値から見て株価が下がっていたとしても、損失はあくまでも評価損に過ぎませんから、現実に損失を被ったことにはなりません。**

しかし、それでも1000円で購入した銘柄の株価が500円まで値下がりしてしまったら、多くの人は心安らかにはいられないでしょう。しかも、多額の資金を投資していたら、夜も眠れなくなります。

1000円の株式を100株購入した程度なら、投資した金額は10万円なので、半分になったとしても5万円の損失で済みます。「5万円の損失は1カ月分のお小遣いに相当するから厳しい」という方も少なくないと思いますが、5万円の損失で命を取られるようなことはありません。

したがって、心穏やかに投資し続けるためには、**自分の生活そのものが脅かされる**

ような金額で投資しないことを心がける必要があります。ちょっと株価が下げた程度でビクビクしているようでは、いつまでも株式市場に自分の資産を置いておくことができません。

先述の通り、「株式累積投資制度」を利用すれば、毎月少額ずつ投資できるので、特に株式投資初心者には向いていると思います。毎月の積立投資金額をいくらに設定するかにもよりますが、たとえば毎月1万円ずつの積立投資なら、仮に株価が大きく下げたとしても、それほどハラハラドキドキせずに済むはずです。

心得⑩

他人の情報を上手に取り入れつつ、最終判断は自分で

心穏やかに、自分が投資した企業の成長を信じて、その株式を長期にわたって持ち

続けられるようにするためには、もうひとつ重要なポイントがあります。

それは、他人の情報だけで投資しない、ということです。

株式評論家の講演会などで、登壇者が話している最中、ずっと居眠りしていた人が、「では、最後に今、私が興味を持っている銘柄についてお話しします」と言った途端、ガバッと起きて必死にメモを取り始めるという話をよく耳にします。

恐らく、この居眠りをしていた人は、この講演会の後、家に帰って、翌日の寄付き（その日最初の取引）あたりでメモ書きした銘柄に買い注文を出すのだと思います。

もちろん、人の情報を参考にするのは、決して悪いことではありません。日本には4000銘柄近い上場企業があり、そのすべてを把握できている人などいないでしょう。そのくらい選択肢がたくさんありますから、他人からもたらされる情報も、ある意味では「気付き」のきっかけくらいにはなります。

ただ、大事なのはその情報を鵜呑みにしないことです。取り上げられた銘柄に関して、自分で配当利回りやROEなどのベーシックなデータを調べてから、投資するかどうかを判断するようにしましょう。

結果的に同じ銘柄に投資することになったとしても、自分で調べてから投資をするのと、他人から聞いた話を鵜呑みにして、何も自分では調べずに投資するのとでは、投資した後の行動が全く違うものになってきます。


日経平均株価が、2030年には5万円まで上昇するであろう過程においては、幾度となく株価が大きな調整をする場面があります。その時、自分でしっかりとベーシックなデータを調べたうえで投資した人は、ある程度、大きな調整局面が来ても持ち続けることができますが、人の話を聞いただけで投資した人は、大きく下げたところで「もうこれ以上、損したくない」と考えて売ってしまうのです。

しかも、下がったところで売却した人は、次にこう考えます。「もう少し下がったところで買い直せばいい」と。

でも、不思議なことにそう考えている人ほど、買い直せないものなのです。

たとえば1000円で買った株式が600円に値下がりしてしまったので、ここで売却しました。その時、「よし、これが400円にまで下がったら買い直そう」と考えたとします。ところが、株価は600円が底で、徐々に切り返してきました。600円が650円、700円というように回復していくなかで、では700円で買えるのかというと、なかなか買えないのです。それは一度、自分が600円で売却してしまったからです。

株価の大底（株価の一番安いところ）**はそもそも予測不可能ですし、そこで買い戻すのは、実質ほぼ不可能な芸当といえます。だから、その銘柄の実力を信じて持ち続けるのが、結果的にはベターな判断だったりします。**そして、その銘柄の実力を信じ切れるようにするためには、自分でその銘柄の中身をしっかり調べることが大前提になってくるのです。他人から聞いた話を鵜呑みにして投資するのは、絶対に避けなければなりません。

心得⑪

株価が大きく下がった時の、モチベーションの保ち方

ところで、持株の株価が大きく下がった時のメンタリティというか、それでも投資を続けようとすることのモチベーションに関しては、個人投資家よりは、プロフェッショナル、つまりは私たち職業投資家のほうが上であるように思います。

考えてみれば当たり前のことですが、個人は別に投資をしなくても生活に困るわけではありません。そういう考え方が頭の中にあるから、大きな損失を出すと、その時点で「もう株式投資はこりごりだ」「二度と株式投資なんかしない」ということになるのかもしれません。

もちろん、これから日本も本格的なインフレ時代を迎える可能性がありますし、株

式に投資することが、人生を生きていくのに必要な知恵のひとつと、大勢の人が認識するような時代が来るかも知れません。それでも、別に誰から強制されて株式投資するものでもありません。

でも、私たちファンドマネジャーは、自分の投資判断が間違っていて損を出したからといって、「はい、やーめた」というわけにはいきません。勝ち負けに関係なく、なぜそうなったのかを理解する必要があります。負けたとしたら、どこが間違っていたのかを分析して、どうすれば負けずに済んだのかを徹底的に考えます。結局のところ**プロフェッショナルたるファンドマネジャーに求められているものは、「自分で自分がどういう運用を行い、それがどういう結果をもたらしたのか、失敗したとしたらその要因は何だったのかを、第三者にしっかり伝えることができるかどうか」という点**なのだと思います。

正直、個人投資家でここまで自分の失敗を振り返る人は、ほとんどいらっしゃらないのではないでしょうか。

でも、だから同じ失敗を繰り返す恐れがあるとも言えます。自分の大事なお金を運用する投資の世界で、同じ失敗を二度も、三度も繰り返すようなことだけは、絶対に避けたいところです。成功している個人投資家の中には、細かく自分のトレーディングメモを作成しているような人もいらっしゃいますが、これは案外、役にたつはずです。地道な作業ではありますが、そんなに難しいことではありませんし、一日のなかの時間をそれほど割かずに済みます。一度、試してみてはいかがでしょうか。

心得⑫

5銘柄程度を持てば十分

ポートフォリオについても簡単に触れておきたいと思います。

まず、自分が持っている金融資産のなかで、株式をどの程度保有するかという問題です。金融資産は株式の他に、預貯金なども含まれます。預貯金は価格変動リスクがありませんし、元本1000万円とその利息分までは、仮に銀行が倒産したとしても、預金保険によって元利金が支払われます。加えて、必要な時に必要な金額を現金化できるので、金融資産のなかでは最も安全性が高いもののひとつと考えられます。

したがって**資産運用をする前に、現預金をどの程度持てば良いのか、ということを考える必要があります。**

これは人によって違うとしかいえませんが、あえて基準となるとすれば、株価が大きく下がった時、耐えられない、夜も寝られない、ということにならないような金額・比率を投資するということでしょうか。中長期的には、たとえば「5～10年程度持てば、少なくとも配当を2～4％もらって、その配当と合わせると大きくマイナスにはならない」というような考えでもいいでしょう。実際、私は自分の資産でもこのような考えがしっくりきますので、**最大30％程度下落することを想定して耐えられる金額が、自分の株式投資の許容額と捉えています。**仕事もしつつ資産形成をしていく若者と、すでに資産家の方とは根本的に違いますから、**自分のリスクの許容度をよく考え、時間をかけて投資額を積み上げる中で、基準を作り上げてください。**

そのうえで、株式に投資している部分のリスクをさらに軽減させるために、1銘柄にだけ投資するのではなく、複数銘柄に分散します。

公募投信では、40、50銘柄から、多いファンドになると100銘柄を超えるくらいには分散投資しますが、個人の株式ポートフォリオであれば、そこまで細かく分散する必要はありません。ざっくり言うと、**5銘柄程度でもとりあえずは十分**でしょう。

もちろん私たちも、輸出企業と輸入企業、グローバル企業と新興企業など、属性の異なる企業の株式に分散投資します。属性が異なれば値動きの方向性も違うため、一方で生じた損失を、もう一方の利益で相殺できる可能性が高まるからです。結果的に、ポートフォリオの安定性が高まりますし、収益を得るチャンスも増えます。

ただ、個人が株式に投資するのであれば、ここまで細かくリスク管理をする必要はないでしょう。基本的には自分の興味がある、よく内容を理解できる企業の株式に5銘柄程度分散させれば、それなりに分散投資効果の期待できるポートフォリオを構築できるはずです。

心得⑬

投資と投機を間違えないように

本章の最後に、**個人投資家のなかで投資と投機を間違えている人が多いのではないか**、という点を指摘しておきたいと思います。

恐らく、これは20代、30代で比較的アクティブに資産運用を行っている、あるいは興味を持っている人に多いと思うのですが、FX（外国為替証拠金取引）や暗号資産、あるいはバイナリーオプションを、投資と混同しているケースです。

FXも暗号資産も、あるいはバイナリーオプションも、いずれも「投資」というよりも「投機」です。

では、投資と投機の違いは何でしょうか。

これにはいろいろな考え方があります。ファンダメンタルズのあるものが投資で、ないものが投機という考え方や、ゼロサムが投機で、プラスサムが投資という考え方もあるようですが、私は**価値を買うのが投資であり、価格を買うのが投機**だと考えています。

ＦＸ、暗号資産は、いずれもお金そのものを投資対象とします。ＦＸは外国為替レートという異なる二通貨の交換比率を、暗号資産はたとえばビットコインやイーサリアムと円の交換比率の変動によって、儲かるか、損するかが決まります。

単なる交換比率であって、それ自体が何か付加価値を生むというものではありません。もっといえば、お財布の中に入れておいた1万円札が、勝手に1万1０００円、1万2０００円というように自己増殖することもありません。つまりお金そのものが付加価値を生む存在ではないので、ＦＸや暗号資産で収益を上げるためには、価格変動を買うしかないのです。

一方、**投資は対象物が持っている価値の自己増殖に資金を投入します。その代表格**

が株式です。株式を買うということは、その企業が将来にわたって新たに生み出していく付加価値を買うのと同義です。そして、その付加価値が企業努力によって自己増殖した結果、配当金や、株価の値上がりへと反映されていきます。

投資と投機の違いは、投資の時間軸にも影響を及ぼします。

投機の場合、それらを長期間にわたって保有し続けたとしても、価値は自己増殖しません。それは、お財布に入れた1万円札が1万1000円にならないということからもお分かりいただけるでしょう。

したがって、収益を得るためには価格変動に頼るしかなく、その価格変動も、常に上昇し続けるものではありません。その時々の需給バランスによって、価格は上がったり、下がったりを繰り返します。株価のように企業の業績・キャッシュフローをベースにトレンドを形成して長期間、値上がりを続けるようなことにはならないのです。つまり投機の対象となる商品で一定の収益を得るためには、基本的に短期の値動きを狙った売買になります。

でも、株式のような投資は別です。前述したように、株価は企業価値の持続的な向上によって、長期的に値上がりするという性質を持っています。設備投資やM&Aによって成長が加速したり、複利効果で収益が加速する効果も重要なポイントです。したがって、**株式は長期投資に耐えられるのです。これは、その株式を組み入れて運用する投資信託も同じと考えて良いでしょう。**

ちなみに投機の一種として挙げた「バイナリーオプション」ですが、これはたとえば1時間後の為替レートが円高になるのか、それとも円安になるのかを当てる、一種の丁半博打のようなものです。価値の増殖などは全く関係なく、単に対象物の価格変動の方向性を当てるだけの商品ですから、投資でも何でもありません。

ここまで申し上げると、多くの方にはご理解いただけるかと思いますが、投機商品は長期の資産形成には全く不向きです。それはそれで、遊びでと割り切れるなら、多少の資金でやってみるのは良いと思いますが、長期の資産形成をめざすのであれば、投機的な商品には手を出さず、あくまでも投資商品で行うことをお勧めします。

第8章

だから、あなたもできる

「プロフェッショナル」と「個人投資家」は何が違うのか

ここまで、私の30年におよぶ投資経験から得たノウハウを綴ってきました。

最後に、「プロフェッショナル」と呼ばれる投資家の立場と、個人投資家に、どのような違いがあるのか。むしろ私たちファンドマネージャーに「強み」があるのなら、一方で個人投資家だからこそ持てる「強み」とは何か、といった話を綴りたいと思います。

私は「プロの投資家」という表現が、あまり好きではありません。個人投資家という表現も同様で、運用の知識やノウハウ、どのような実績を挙げられるかは一概に属性によるものではないでしょう。脱線して恐縮ですが、ゴルフでもプロ、アマ、という表現がありますが、これもどうもしっくりきません。特に「アマチュア」とよく一括りで言われますが、初心者から上級者まで幅広く存在するだけで、中にはプロ顔負けのプレーヤーもいるわけです。投資家の場合にはプロの定義はますます曖昧で、一般的には単に所属会社など属性で呼称されている部分が大きいでしょう。

一般的にプロの投資家という場合、要するに、運用に関連する事業で仕事をしている人たちであり、ざっと言うと、私が長年、籍を置いていたアセットマネジメント会社、その前にいた保険会社や年金基金、ヘッジファンド、アクティビストファンドなどが挙げられます。しかし、経験年数や実績は厳密には問われませんし、個人個人の目的意識や取り組み姿勢にも濃淡があると思います。**プロの投資家＝職業投資家、個人投資家＝投資家**と言った方がしっくりくるでしょうか。

そういうこともあり、**プロの投資家は常に個人投資家よりも高い運用成績を上げているという定義は、明確に「ノー」といえるでしょう。**プロが個人投資家に負けることもあります。単純にリターンの高低で比較すれば、明らかに個人投資家の方が高いリターンを上げることもあるでしょう。

たとえば、たまたま持っていた1銘柄が、いわゆるテンバガー（株価が10倍になった銘柄）になれば、あっという間にリターンは900％になります。このように、1銘柄だけに投資して、その株価がたまたま10倍になって大儲けできたというのは、個人投資家だからこそ出来ることで、私たちではそうはいきません。

運用結果の良し悪しを、「説明」できるか、否か

職業投資家をどう定義すれば良いのかというと、ヘッジファンドなど「純粋にリターンに立脚した収益を挙げる」という一部の人たちを除くと、「運用という作業に対する対価を手数料でもらう人たち」なのですが、言い換えると「他人のお金を預かって運用している人たち」ということになります。

つまり自分のお金を運用しているわけではないのです。もちろん、運用者のなかには、運用資産の一部に自分のお金を入れている人もいますが、あくまでも一部であり、

運用資金の大半は他人のお金です。

では、他人のお金を運用するというのは、一体どういうことでしょうか。

それは、運用成績が良かったとしても、あるいは悪かったとしても、その理由をしっかり説明できなければならないということです。

たとえば、お金を預けてくれている人から「どうして今期はこんなに運用成績が下がったのですか」と質問された時、「うーん、ちょっとよく分からないのですが……」などとは、口が裂けても言えません。「これこれこういう理由で投資したのですが、当初のシナリオとは別の流れになり、結果的に損失を出すことになりました」というように、損をしたとしても、しっかりその根拠を示さなければならないのです。

つまり、説明責任を果たせるかどうか。そのために十分な調査や判断の根拠が背景にあるか――これが大きな違いです。

説明責任が常にあるということは、自分の投資判断、それに基づいて取った行動について、その合理性を説明する必要があります。その結果、会社としてのコンセンサスが重要になります。

コンセンサスとは、自分の考えや行動を、運用チームのメンバー、上司、会社全体に対して説得できて初めて成り立ちます。説得するにあたっては、当然のことですが、他の人からの反論も出てきます。その反論に対して、説得して合意形成をし、ようやく投資を実行することができます。

このように**コンセンサスを得るための過程には、大いなる強みがあります。それは、さまざまな見地から物事を検証できることです。それに基づいて取った行動は、他人に説明する際も、極めて有効です。**

コンセンサスが必要だからこそ、機動力に欠ける

しかし、逆に問題点もあります。それは**機動力に欠けてしまう**ことです。

コンセンサスを前提にして行動すると、そのコンセンサスから外れた行動が非常に取りにくくなります。とはいえ、**マーケットは時に、意に反した動きになることも、しばしばあります。それも突然、そうなったりします。**

コンセンサスと違う動きになった時、それが一時的なものなのか、それとも根本的に違ってしまったのかを見極める必要があります。一時的なものであれば、投資行動を変える必要はありませんが、コンセンサスの大前提が崩れた場合は、その行動を変えなければなりません。

ところが、そのコンセンサスが大勢の人たちによってつくられていると、そのコンセンサスが間違っていたことを、大勢の人たちに認めさせるまでに、また時間がかかります。そうこうしているうちに、マーケットはコンセンサスとは違う方向に、どんどん進んでいってしまいます。それは着実に、運用成績を悪化させます。

このように、コンセンサスを得てから投資行動を取ることは、メリットである一方、デメリットも併せ持っているのです。コンセンサスに囚われ過ぎてしまい、機動的な動きができないのが、プロフェッショナルである投資家の最大の弱点とも言えるでしょう。

その点、個人投資家は何でもありです。そもそもコンセンサスを得る必要がないのですから、自由に動くことができます。自分の投資行動について、誰に説明する必要もありません。明日、売ることも自由だし、何もしないのも自由です。何のしがらみもなく、自分の好きなように、自由にできるのが個人投資家の最大の魅力であり、強みになります。

情報の量、スピード、質に、差はない

「そうはいっても、情報はプロの方がたくさん持っているでしょう」と言われることもあります。確かに、ファンドマネジャーはそもそも企業をリサーチして投資することと自体が仕事ですし、動かしているお金も大きいので、投資される側からすれば、その存在を無視できないところはあります。だから、財務担当役員や経営者にも、会いたいと思えば会うことができますし、経営の最前線に立っている人たちから直接、話を聞く機会にも恵まれています。

しかし、だからといって、情報を得た直後から投資行動を取るわけではありません。聞いた話をベースにして自分でストーリーを組み、投資するべきかどうかのコンセンサスを取ってから、実際に投資行動へと移っていくので、情報を入手してから投資行動を取るまでの間には、相応の時間が必要になります。

この点、最近ではインターネットを通じて、さまざまな企業情報を入手できます。企業のホームページにはＩＲ情報が満載です。四半期ごとに発表される決算短信や有価証券報告書、決算説明会資料などは、リアルタイムで入手できますし、最近ではアナリスト説明会や株主総会を映像配信している企業もあります。そのくらい、多くの企業はＩＲに力を入れていますから、**個人投資家でも職業投資家に匹敵するくらいの投資情報を得ることができます。**

「でも、プロなら裏情報もたくさん持っているでしょう」とさらなる声が聞こえてくるようですが、それははっきり申し上げて、ありません。裏情報というか、企業の内部者からもたらされた内部情報に基づいて投資をすれば、完全にインサイダー取引になります。**つまり情報の量、スピードだけでなく、情報の質という点でも、その差は**

ほとんど無くなってきているのです。

さらに今後はＡＩによって世の中に出ている膨大な情報が解析され、これまでの運用の常識が変わっていくかもしれません。しかし私自身は、中長期の運用成果をあげるために必要な力は、世の中を妄想、構築していく創造力とインテリジェンス、さらにいうと、好奇心や行動力に立脚したものになると考えています。そこに私たちの仕事の真価が問われると感じています。

適切なタイミングで、適切な情報にアクセスできるか

ひとつだけ、職業投資家がひょっとしたら個人投資家に対して強みになるものがあるとしたら、**適切なタイミングで、適切な情報にアクセスできるかどうか**ということだと思います。私たちは四六時中、投資のことを考えていますから、その感覚は研ぎ澄まされています。もちろん個人投資家のなかにも専業のプレイヤーがいますから、

一概には言えませんが、多くの個人投資家は日中、本業があり、隙間時間で投資をします。そのため、適切なタイミングで、適切な情報にアクセスするというスキルは、職業投資家に、一日の長があるかも知れません。

ただ、その差も時間を味方につけることで、ある程度解消できます。

単純に長期投資しましょう、などという話ではありません。より長い時間軸で時代の変化を読み解き、そのシナリオに合う企業を抽出して投資するのです。

私自身は、何度も指摘しているように、2030年頃までには日経平均株価が5万円を超えて上昇していくのが無理のないストーリーだと考えています。そのくらいの時間軸で相場を考え、投資対象となる企業を選別すれば、今日明日の株価が少しくらい上がった(下がった)からといって、一喜一憂せずに済みますし、それによって投資判断を迷わされることも無くなるはずなのです。

典型的な投資の失敗は同じ

よく「個人投資家は株価が上がっている時に買い、下がっている時に売ろうとするから儲からない」などと言われますが、実はそれは、私たちも同じです。

むしろファンドマネジャーの方が他者とのパフォーマンス競争にさらされているので、余計にその傾向が強まるケースがあります。特にファンダメンタルズを見て投資判断を下している、アクティブ運用のファンドマネジャーほど、この罠にはまるリスクが高まると言った方が良いかも知れません。

直近の日本株の値動きで言うと、日経平均株価は4月半ばあたりから上昇に転じました。2021年に何度か日経平均株価は3万円を超える場面が見られたのですが、2022年に入ってからは横ばいが続き、2万8000円を少し超えると売り物が増えて株価が下落するということを何度も繰り返しました。そして2023年4月半ばあたりから本格的な上昇トレンドになり、6月19日には3万3772円の高値をつけたのです。

この間、恐らく海外の投資家が日本株のエクスポージャーを取るために、日経平均株価の先物取引(「日経225先物取引」のこと。個別銘柄を選別するのではなく、日経平均株価そのものが上がるか下がるかを予想して先物取引をすること)を買っていたと考えられます。エクスポージャーとは、投資家が保有しているポートフォリオのうち、マーケットの価格変動リスクにさらしている資産の割合のことです。

特にグローバル分散投資を行っている海外の投資家は、日本の株式市場が上昇してきた時、いちいち日本の個別企業には投資したりしません。企業分析をしているうちに利益を得る機会を失ってしまう恐れがありますし、個別企業の株式だと大きな資金で投資しようとしても、買い切れないケースがあります。

でも、日経平均株価の先物取引なら、ひとまずこの株価上昇局面を取りに行くことはできますし、何よりも取引の規模が大きいので、ある程度、大きな金額の資金で投資しようとした場合でも、比較的容易に買い付けられるのです。

こうした海外投資家による日経平均株価の先物買いが活発になると、現物の日経平均株価に比べて、日経平均株価先物取引の価格が高くなります。

そうなると、今度は現物を買って先物を売る裁定取引（同一の価値を持つ商品の一時的な価格差が生じた際、割高な方を売り、割安な方を買い、そのあと両者の価格差が縮小した時点でそれぞれの反対売買を行って利益を獲得しようとする取引）が活発に行われるため、日経平均株価に大きな影響を及ぼす株式が、集中的に買われるようになります。たとえば**ファーストリテイリング**などはその典型で、日経平均株価の値動きの10％は、ファーストリテイリングの値動きに左右されると言われています。結果、現在の株価が割高だろうが何だろうが関係なく、ファーストリテイリングの株式に買いが集まってきてしまうのです。

ところが、ファーストリテイリングの株価が割高だと思っているファンドマネジャーのポートフォリオには、恐らくファーストリテイリングの株式は組み入れられていませんから、先物取引に引っ張られる形でファーストリテイリングのような時価総額が大きくベンチマーク構成比率の高い銘柄の株価が上昇すると、焦ってくるのです。

なぜなら、**ベンチマークにしている日経平均株価のパフォーマンスに対して、自分**

のファンドのそれが及ばない恐れがあるからです。それでも我慢して買わずにいれば、負ける幅が広がっていきますし、思い切って買えば、気分的に楽にはなりますが、その時点で負けた分を固定することになります。

しかも、値上がりし続ける株価は絶対に存在しないので、上がり続ける日経平均株価も、どこかの時点で下がります。その時、ベンチマークに合わせるために買い付けたファーストリテイリングの株価も下がるので、楽になりたいと思って投資したファンドの運用成績は、下がってしまいます。まさに往復ビンタを食らったような状態になってしまうのです。

「安値」で売らざるを得ないとき

私たち職業投資家であっても**安値で売らされる典型例としては、投資先企業に不祥事が起こったケース**です。

特にその不祥事が、企業経営の根幹に関わるようなものだと、即売りになるのですが、たとえば事故とか、役員が犯罪行為に手を染めたとかになると、いささか判断が難しくなります。

たとえば2009年から2010年にかけて、**米国でレクサスを運転中に生じた急加速事故による、トヨタ自動車の訴訟問題など**は、その典型例といえるでしょう。

私の経験談で申し上げると、2000年に米国で、ファイアストン製のタイヤを装着した自動車がパンク事故を起こして死傷者が出ていることから訴訟問題に発展したことがあります。このファイアストン社を1988年に買収していたのが日本のブリヂストンということもあり、その影響はブリヂストンの株価にも及びました。米国では訴訟に加えて不買運動も行われたため、ブリヂストンの株価は当時、30年以来といわれる水準にまで下がってしまったのです。

当時、ブリヂストンを担当していたのが私だったのですが、いずれ株価は戻るはずと思って、そのまま保有継続を主張していました。実際、しばらくして株価は戻ってきたのですが、当時は訴訟や不買運動が意外と長引いたこともあり、株価は1000円を割れる水準まで下げてしまいました。

この時点で、運用チームの総意としてブリヂストン株を手放すことが決定しました。しかも、私たちが同社株を全部売却したところが、最も結果的に株価の安値近辺ということもありました。

このように、運用の専門家が時間をかけてみんなで議論したとしても、高値を買わざるを得なかったり、安値を売らざるを得なかったりすることは、ままあるのです。

投資先の企業に「不祥事」が。そのとき、どうする？

これはやや余談になってしまうのですが、自分の投資している企業に不祥事が生じた場合、私たちがどう対処するのかについて、簡単に触れておきます。

まず、**一次情報を取りに行く努力をします**。一次情報とは、当事者から直接得られる情報のことで、このケースでいうと、不祥事を起こした企業の経営者、担当役員から直接、話を聞けるような努力をします。

もちろん、不祥事の最中ですから、そう簡単に話を聞かせてはもらえませんが、そこは企業とのお付き合いがあるので、出来るだけ時間を取ってもらいます。

ここは、なかなか個人には出来ない部分だと思いますが、個人でもそれに近い情報を取る方法はあります。**企業のＩＲ担当者に電話をするというのが、その方法です。**ＩＲ担当者にとって株主は大事なお客様です。それは職業投資家に対しても、個人投資家に対しても同じです。なので、自分の投資先企業に何か不祥事があって、株価が大きく下がっているような時は、ＩＲ担当者に電話をして状況を確認してみると良いでしょう。

あとは**同業他社比較**です。

競合他社が同じような製品・サービスを出していたら、あっという間にシェアを奪われてしまいます。そのリスクがあるかどうかを確認します。確認しますが、そもそもの大前提として、不祥事の内容やその後の対応が、社会的に存続が許されないようなものについては判断が急がれます。しかしそうでなければ、不祥事を起こした企業が他社では代替が利かないような存在であれば、保有し続けるのです。何しろ代替が利かないのですから、一時的に不祥事の影響で株価が急落したとしても、元の水準に戻る可能性が高いと考えるからです。前出のブリヂストンは難しい判断だったと思いますが、２０１１年タイ国の大洪水、２０１３年東日本大震災で日本の自動車関連や電子部品企業の株価が大きく下がった時、「代替可能性の低い会社は買いチャンスだ」と思ったことを思い出します。

おわりに――

10年前のわたしへ

世界は大きく変わりました。その激動の日々が感慨深く、10年前の私に想いを伝えようと、2033年8月28日の今日、思わず筆を執りました。

今朝も、妻と近所のカフェでコーヒーを楽しみました（一杯2000円）。ランチは、なじみのラーメン屋にでかけるつもりです（一杯4000円）。そういえば、ラーメン屋のご子息がこの春、就職をしたそうです（「あの小さかった坊やが！」と驚きです）。初任給は、80万円だそう。今や世界の時価総額ランキング上位にランクインした、日本初のスタートアップ企業A社に決まったそうです。

ちなみに、お姉さんは、光通信・光半導体の新技術を成功させ、ふたたび世界の時価総額ランキングトップに躍り出た国内最大手の通信会社N社に勤めているとのこと。姉弟そろって優秀ですね。

私も孫ができる歳になりました。先日、息子夫婦に赤ん坊が生まれたので、来月、子供たちと私たち夫婦の多世帯で国内旅行に出かける予定です。ざっと、200〜300万円は見積もらないといけないでしょうか。インバウンドが激増し、宿泊費も年々、アップしています。

私たちが贈った「出産祝い金」を、さっそく「投資用の未成年口座を開設して、積立NISAに回す」と張り切っていました。0歳の今から始めたら、それこそ30年後、孫が30歳になるころにはサイクルが回り、相当な複利効果が得られることでしょう。

もはや、子や孫の世代は、投資に対して忌避感がありません。あの頃、岸田総理が「資産所得倍増元年――貯蓄から投資へ」と号令を出しましたが、新NISA開始も後押しして、日本の家計資産における資産運用の割合は、アメリカ並みの50%以上となりました。

そういえば、10年前のあのとき40代だった編集担当の女性は、自身を「投資初心者だ」と語っていましたが、『自分が応援したい、好きな企業』の株を買って、焦らず持ち続けていたら、10年後の今、含み益がふくらんだ」と喜んでいました。

日本経済も力を取り戻しました。米中摩擦やESGへの取り組みから生じた地政学的な変化もあり、サプライチェーンが再構築され世界的なインフレが勃発。資本材関連産業の多い日本企業にも、追い風となりました。ガバナンス改革や東京証券取引所による市場改革もなされ、PBRは2倍超となりさらに上昇傾向が続くなど、世界基準にまで高まりました。ROEも市場平均で15%近くとなり、各企業が自社株買い、配当増加に積極的に取り組んだことで、日本株市場も大いに活性化することになりました。

今や日経平均は10万円台です。

あの頃、かのエコノミストが「日経平均30万台時代が到来する」と謳いましたが、それももはや既定路線のように思っています。

ちなみに私は、2023年8月から香港を拠点としたヘッジファンドのポリマー・キャピタル・ジャパン社に移り、引き続き日本株の運用に携わっています。厳冬の時代に日本株のアクティブ運用を担っていた時代から思えば、ずいぶんと世界における日本株のポジショニングが改善し、溜飲が下がる思いです。

さて、そろそろ筆をおきます。ところでもし、未だあなたの周りで資産運用、株式投資に忌避感を抱いている方がいたら、ぜひ、こう伝えてあげてください。

「好きな企業、応援したい企業に共感し、投資＝オーナーになれば、長期的には必ず自分の労働力から得られるもの以上のリターンがある。日本株に投資をすれば、日本が良くなることへの貢献ができるかもしれない。そして資産形成のみならず、自分の仕事や教養などにおいても広い視野と可能性が得られる。あなたからまず、『逆転』の一歩を踏み出してほしい」と。

中山大輔

※「おわりに」は2023年8月、未来の日本を想い、ワクワクドキドキしながら綴りました。いずれもまだ、フィクションであることをご了承ください。

略歴

中山大輔（なかやま・だいすけ）

元JPモルガン・アセット・マネジメント ファンドマネジャー
1969年生まれ。大阪大学経済学部卒業。93年日本生命保険に入社し、株式部、年金運用部、ニッセイアセットマネジメントで経験を重ねる。2005年JPモルガン・フレミング・アセット・マネジメント・ジャパン（現JPモルガン・アセット・マネジメント）に入社。同社の代表的な日本株アクティブファンド「JPMザ・ジャパン」の運用担当者を、06～23年3月末まで務めた。23年8月からPolymer Capital Japanで日本株アクティブファンドの運用に携わる。

日本株で30年 好成績を上げたファンドマネジャーが明かす

逆転の思考法

2023年10月9日　第1版第1刷発行

著者	中山大輔
発行者	岡　修平
発行所	株式会社PHPエディターズ・グループ 〒135-0061 江東区豊洲5-6-52 ☎03-6204-2931 https://www.peg.co.jp/
発売元	株式会社PHP研究所 東京本部　〒135-8137 江東区豊洲5-6-52 普及部 ☎03-3520-9630 京都本部　〒601-8411 京都市南区西九条北ノ内町11 PHP INTERFACE https://www.php.co.jp/
印刷所 製本所	図書印刷株式会社

ISBN978-4-569-85552-3